Selber denken macht schlau

小哲学家的大问题
——和孩子一起做哲学

［瑞士］Eva Zoller Morf 著

杨妍璐 译

中国轻工业出版社

图书在版编目（CIP）数据

小哲学家的大问题：和孩子一起做哲学／（瑞士）伊娃·佐勒·莫尔夫（Eva Zoller Morf）著；杨妍璐译. —北京：中国轻工业出版社，2019.2（2023.11重印）
ISBN 978-7-5184-2175-6

Ⅰ.①小… Ⅱ.①伊… ②杨… Ⅲ.①儿童教育-教育哲学-研究 Ⅳ.①G61-02

中国版本图书馆CIP数据核字（2018）第263712号

版权声明

Title of the original German edition:
Selber denken macht schlau
© 2010 Zytglogge Verlag, Switzerland

责任编辑：王慧超
策划编辑：孔胜楠　　　　　责任终审：杜文勇
责任校对：刘志颖　　　　　责任监印：吴维斌

出版发行：中国轻工业出版社（北京东长安街6号，邮编：100740）
印　　刷：三河市鑫金马印装有限公司
经　　销：各地新华书店
版　　次：2023年11月第1版第4次印刷
开　　本：710×1000　1/16　印张：14
字　　数：110千字
书　　号：ISBN 978-7-5184-2175-6　定价：48.00元
读者热线：010-65181109，65262933
发行电话：010-85119832　传真：010-85113293
网　　址：http://www.chlip.com.cn　http://www.wqedu.com
电子信箱：1012305542@qq.com
如发现图书残缺请拨打读者热线联系调换
231855Y1C104ZYW

给中国读者的话

亲爱的中国读者朋友们：

你们是否觉得这是一件让人惊奇的事情：当婴儿出生时，他们没有任何词汇，没有语言或者也没有思考，但过了两年，他们从我们这里听到了很多词语，开始明白一些词语指代的具体东西或代表的一些行为，甚至词语与词语之间是有联系的：为什么呢？因为……这些知识需要孩子独立思考，不是父母能够教给孩子的！

但随后，小家伙们开始提问：这是什么？猫在哪里？它为什么离开？它什么时候回来？而这也正是家长或之后的教师能够支持孩子找寻自己答案或通过游戏的方式对各种可能性进行尝试的地方：猫有可能去了哪里？你说的它快回来了是什么意思？为什么它会回来呢？为什么不呢？

这些是苏格拉底意义上的哲学探索的预备。据说，他的说法是："我知道我不知道"。但是，因为我想知道，我开始提问和思考，我正在寻找可能的答案。有一些问题的答案我可以去问聪明的人，有一些我可以在书中找到，但剩下一些问题的答案只能靠自己去思考或者进行逻辑推理。

在此，我想诚挚地邀请中国的家长和教师参与到我的书中来：你不必总是知道一切（这样或许更好），但你必须相信，对于提出的问题，即使是小孩子也能出乎我们意料地找到他们自己的合理答案。这就是独立思考的基础。

Eva Zoller Morf

序　言

很久以前，古希腊哲学家柏拉图曾说："当我们好奇时，哲学就开始了"。这种震撼人心的好奇之花总能在与儿童保持密切联系的人那里栩栩如生地绽放。来到世界的新手不断地提出问题，而我们所要做的，则是让原初的好奇心继续生长和发展。这是一项丰富成人和儿童生活的工作，家长和教师不仅有能力，也有责任来推动和支持这项工作。对孩子来说，能与一位钟爱的亲友在一支结局无法预料的思考舞曲中共同探索和发现，这不失为一次美妙的体验。对成人来说，这也是一个极好的机会，让他们能够再次回忆长久以来被遗忘的童年问题。通过这种彼此之间的相互学习，成人与孩子可以建立起更深层次的相互理解以及价值上的互相尊重。在富有成效的对话中，彼此之间的关系也会变得更为牢固，从而在生活所给予的无法避免的冒险和困难中，获得支持和陪伴生命的源动力。

与儿童的这种相遇确实是哲学的，因为正如苏格拉底曾指出的那样，哲学致力于一种反思的生活：人们并不是把所有的东西都视为理所当然的，而是积极地参与到对自己生活的塑造和发展中。生命是一份礼物和一个秘密。孩子们对生活有直观的洞察力。对我们来说，孩子的问题是一次让我们走入哲学空间、探究问题的核心并捕捉可能答案的机会。

这趟思想的旅程带来了我们自己的"小哲学"。它向我们展示了如何从自身出发来理解世界并获得经验感知。在这些日常哲学的对话中所诞生的欢乐是，当我们与孩子们一起被一些想法搞得天旋地转时，我们对孩子们把握问题的方向感到惊讶。但更为关键的是，孩子们总是敢于对自己所关心的事情发表看法，与他们视为重要的人交换自己的意见：父母、祖父母、老师、朋友。

曾经有一段时间，人们想要保护孩子免受世界黑暗的一面。在我们这个时代充斥着数量爆炸的媒体信息之前，人们就已经将"儿童的花园"[1]视为一个更安全的地方。我在夏威夷的工作是与年幼的孩子打交道，这些孩子来自不同的文化和社会背景，当我听到这些孩子谈论世界上发生的事情时，我每天都有新的惊喜。他们是通过电影、电视、视频游戏和个人经历知道这些事情的。如何帮助他们面对这个复杂的世界是向我们教育者提出的挑战。对此，相当必要的是，家庭与学校的协力合作，这样才能尽可能地保留我们精心照料的"花园"，不仅在充满友爱的教室里，同样在温暖的家庭中，我们可以和孩子一起在情感和智力的安全氛围中探究世界的问题与奥秘。虽然这并不容易，但事实证明，这是一项非常有意义且令人愉快的工作。

亲爱的父母、老师以及更多对此感兴趣的大人们！

有了伊娃·佐勒·莫尔夫（Eva Zoller Morf）的这本书，你就有了进入这场冒险的重要指南。这本书的成果是由伊娃老师在过去三十多年里与儿童的

---

[1] 原文是"Kinder-Garten"，这里指代"幼儿园"（kindergarten）。——译者注

对话以及为家长、幼儿园老师、大学生和各个年级的教师提供的培训资料积累而成。她的书提供了大量关于人们如何推进对话的具体建议。它向我们介绍了如何使用特定的哲学思考工具以及通过各种例子展现了如何处理儿童的问题。书中推荐的大量童书、提到的课堂教学材料以及教学方法启示都将有助于教师、家长甚至是祖父母更好地陪伴孩子做哲学。当然，对于如何处理来自孩子的挑战性问题，特别是道德或宗教问题，作者也给出了心理学和教育学上的小贴士，你们一定会觉得特别有帮助。

在此，我诚挚地邀请您加入这场与孩子们一起的哲学冒险：不断反思生活的冒险！

夏威夷大学哲学教授

托马斯·杰克逊（Thomas Jackson）

于夏威夷檀香山

导　　言　**给小哲学家的大问题**　/ 1

第一部分　**和孩子进行哲学探究**　/ 5

来自小孩子的大问题　/ 7

只是一个小问题？　/ 7

还是一个很大的问题？　/ 13

小问题如何变成大问题？　/ 18

独立思考使人变得聪明　/ 28

不是所有孩子都有那么多的问题！　/ 28

孩子们在夏威夷这样做哲学　/ 33

聪明思考者的工具箱　/ 37

用童书引出对话 /48

我是谁？——用关于同一性问题的图画书进行哲学探究 /48

你不一样，你不属于这里！ /52

更多适合主题的图画书 /70

第二部分 关于伦理问题的哲学探究 /77

关于愿望和价值的反思 /79

"为什么我不能要这个？""为什么我不能做……？" /79

为什么要反思价值？ /85

"关怀性思维"和"探究团体" /87

关于情感的哲学探究 /97

心理学还是哲学？ /97

进入关于情感的对话 /98

关于恐惧和勇气的哲学探究 /101

愤怒到底是什么？ /110

以哲学的方式进行道德教育 /115

我们应该怎样生活？谁规定了什么是善？ /115

"为什么我必须总是做……？""为什么人们不应该……？" /117

"孩子们，停止吵架！" /126

关于正义的哲学探究　/135

　　己所不欲，勿施于人？　/135

　　正义有很多面向！　/143

　　哲学家们对正义的看法　/144

第三部分　关于存在问题的哲学探究　/153

关于以哲学的方式走入宗教问题　/155

　　知识、信念还是哲学探究？——从神话到逻各斯　/155

　　关于真理的哲学探究　/158

哲学探究意味着学习死亡、学习生活！　/175

　　独立思考使人聪明，或许也有一点智慧？　/175

　　和儿童与青少年谈论死亡与悲伤　/180

　　和青少年一起思考生命的意义与同一性　/193

在生活中的许多时刻，我们还会问……　/202

译后记　/209

导 言
给小哲学家的大问题

我出生前在哪里?

为什么我应该听话?

我到底为什么来到这个世界上?

即使是小孩子也有很大的问题,而许多大人的回答却不能让他们满意。随着年龄的增长,孩子们不再关心他们的问题。难道是这些问题从他们的脑中消失了吗?任何受到孩子问题挑战的人很快就会意识到,情况不是这样的。或许我们会突然惊讶地发觉,这些大问题从未离我们远去。我们成年人似乎已经习惯地认为自己不可能知道太多的事情。但幸运的是,我们还能凭借一丝孩子般的好奇去再次被孩子们感染,并像苏格拉底一样承认:我知道我不知道(很多)……但让我们试着找寻自己的答案!

来吧，孩子们，让我们一起"做哲学"吧！

同样，我将用自己关于儿童哲学的第三本书来邀请你，一起体验儿童如何用他们的问题感染我们。家长、教师以及所有想从与孩子深入对话中获得快乐的人，你们能在这里体会到这种快乐是如何发生的、如何在或小或大的问题中愉快地游戏，进而发现新的世界。你会得到3—99岁的"孩子"围绕大问题进行对话的实践案例和指导：我们来自哪里？我们要去哪里？我们是谁？我们在这个世界上应该做什么？关于哲学、教育学、心理学和宗教的简短理论也会穿插于以下三部分中。

在第一部分中，我们试图区分孩子的问题种类以及学会如何较好地处理它们。例如，通过借助适宜的图画书。我是谁？你是谁？我们从哪里来？这些是该部分的主题。当然也会介绍到"聪明思考者的工具"（某些对话模式或哲学基础知识），你会看到六位刚入学的孩子如何一起探讨关于"谁创造了生命？"的大问题。

第二部分涉及道德领域的问题：我们应该做什么？我们不应该做什么？学龄儿童身上总会出现这样的问题，他们总想要做我们不期望他们做的事。我们将在此讨论价值、情感、服从和正义的话题，并且你将知道如何运用"关怀性思考"来锻炼和提升孩子的情感和社交能力。同样，我们会专门用到图画书或者其他对我们有所帮助的儿童故事。

在第三部分中，我们将处理那些常常让青少年困惑的大问题，这些问题将以哲学的方式被点亮：世界从何而来？悲伤和死亡是怎么回事？灵魂是什么？我们的同一性如何得到维系？我们如何找到生活的方向和意义？宗教可能会提供一些答案的线索。但是，小哲学家们也将不断地寻找他们自己满意的答案。

请和我一起对儿童和青少年拥有的深刻思想感到惊讶吧,如果你相信他们具有这样的能力!

我由衷地感谢……

对这本书的诞生做出了巨大贡献的小朋友和大朋友们。在此,我衷心地感谢:

瑞士欣维尔、美国夏威夷以及其他地方的孩子和家长分享给我的思考和图画……

瑞士图尔高提契诺师范学院的学生创造性地实践了我的想法,并告诉我许多与儿童的美妙对话……

所有图画书的作者和画家,他们讲述了如此精彩的、意味深长的、热心的、幽默的以及认真的儿童故事,借此可以激发人们进行哲学探究……

我的先生罗比,不仅在我所有的哲学之旅中陪伴我,而且我的第三本书上的(几乎)所有照片都是他帮我拍的,总是在我需要的时候给予我支持……

我的哲学朋友和同事,尤其是杰克逊博士以及编辑和校对人员对文本的审阅和补充……

最后,还有以最大的耐心帮我完成每一个文本排版的工作人员!

第一部分

和孩子进行哲学探究

来自小孩子的大问题

独立思考使人变得聪明

用童书引出对话

来自小孩子的大问题

只是一个小问题?

某一天,我4岁的女儿在吃早餐时问我:"妈妈,在你身边之前,我在哪儿?"我的大脑立刻开始工作:我该如何向一个孩子解释生育的过程?不过,等一下,这并不是她真想知道的。而"我不知道"的回答当然也不会让她满意。我的信念是,灵魂为了进入更多的生命就需要在地球上找到一个地方和两个人。但就此,我无法如此迅速地用适合儿童的语言表达出来。注意,注意,无所不知的妈妈想不到任何聪明的回答。我的小女孩充满期待地望着我。"反问,"一种声音在我耳边低语,"提出反问,你将赢得时间!"于是,我问道:"亲爱的,你觉得你在哪里呢?"我永远不会忘记接下来的谈话。我的女儿不断地向我讲述故事,通过建立可能的以及宗教性的设想,反驳命题,又设计新的假设。我们一起在咖啡和巧克力酱面包旁度过了美好的哲学时光。

这个感人的场景是由年轻的母亲莎乐美·威德默向我讲述的。在我看来,许多母亲都会遇到这样的情况,因为大多数孩子在他们生命的最初几年总会时不时地触碰到这个非常大的问题:我们从哪里来?大多数情况下,我们首先会用相当简单的方式回答,比如,从妈妈肚子里生出来的。一段时间后,则转变为关于生育的更为复杂的科普。即便要找到适合4岁孩子耳朵的词汇并不是那么容易，但我们至少总有许多可以用来回答的信息。面对孩子提出的那些天文物理学家和哲学家们至今仍在苦苦探索的问题，作为母亲的你会给出怎样的回答呢？

近几十年来，正是像这样的问题让人们开始认识到儿童是小哲学家。当然，这些问题本身早已存在，但千百年来，当孩子们大胆地提出这个问题时，通常的回答不是一种宗教式的回答（那时你还在上帝身边），就是讲述刻有文化烙印的童话，比如那些擦亮星星的小仙鹤或者小天使。在法国阿尔萨斯地区，一些妇女公开承认，孩子诞生自甘蓝菜。对此，正如一位法国女士和我讲述的，她的女儿是她在田野上一个接一个打开甘蓝菜时发现的。我的观点是，虽然这样的"解释"并不粗糙和冷酷，但人们却错过了一个很好的机会，那就是同孩子们一起认真地进行哲学对话。

这么做有什么好处呢？我们受过教育的大人当然"知道"，这个问题是没有终极答案的！与此相反，孩子们却还不习惯区分能回答的问题与不能回答的问题。像我们的祖先一样，孩子们问起我们的起源以及世界和生命的开端，臆想（或感受）整个世界的图景和神话的观念，并且给出富有想象力的答案。这些答案可以在我们的帮助下建构起可能的意义。例如，如果一个孩子认为他在出生前曾帮助过天使擦亮所有的星星，借此机会，他可以按照他的意愿寻找让他能够出生的地球上的父母，那么这样的想法就会给孩子带去安全感并且表明，孩子在这个家庭中有他的重要位置以及是受欢迎的。

糟糕的事情则发生在另一个小女孩身上。她看到了一张只有她的母亲和两岁大的姐姐在一起的照片。于是,她想知道:"我当时在哪里?"没有进一步思考的母亲回答说:"你那时还不在。"然后,女孩就开始哇哇大哭起来并且抗议道:"这不是真的!这不是真的!我那时就已经在了!"受惊的母亲伤心地描述着当时的情况。她不明白为什么她的坦白和"正确"的回答让她的女儿如此不安。

三四岁的孩子对时间的理解尚不成熟。"过去不存在"的回答对孩子来说是可怕的,如同有些成年人对死后可能性的恐惧。19世纪伟大的丹麦存在主义哲学家克尔凯郭尔曾将这种恐惧与日常恐惧加以区分。与对死后等待我们的不确定性——不存在的恐惧相比,日常恐惧至少是针对能够把握的确定性之物,所以我们对此有更强的忍受力。

当然,对这个女孩绝望的情感爆发还有另一个解释:也许,她感到自己与姐姐相比受到了不公平的待遇,因为在她来到世界之前,她的姐姐已经与父母生活了一段时间。这位妈妈并不能体会孩子的悲伤,也不知道如何解释孩子愤怒的抗议。这个问题始终存留在她的心中,她问在场的其他父母:"我到底做错了什么?"

当孩子发问时,我们应该回答他们,以便他们能学到一些东西!这是众多负责任父母的想法。尽管有时候这可能会让人很累,尤其是当人们自己完全不知道答案的时候,却依旧认为自己有责任向孩子们解释一切。从儿童哲学家那里,我们会发现自己无法总是给予儿童帮助。知道一切绝不是值得欲求的:孩子们总是(乐意地)猜想,所有问题都有一个答案吗?几乎不是!

大人们真的知道一切并且每时每刻都会找到问题的出路吗？并不是，而且孩子们也不需要大人总是想出自己的答案，并且很快他们就不再认为大人具有解答所有问题的能力！是否所有的问题都非常重要，以至值得为此绞尽脑汁？一点也不是！此外，孩子们有时候并不是为了一个答案而提出许多问题，而是想邀请我们与他们进行交流、玩耍或谈话。也许孩子们只是为了推迟一下晚安之吻而随便问问？

那么，除了认真的回答之外，还有其他可能性吗？许多家长已经学会了向孩子们提出反问，而不是感到自己有义务去回答。时常令人惊讶的是，孩子们竟能如此迅速并充满自信地表达自己的观点或想法。有些问题仅仅是为了让想法找到听众而提出的。如果父母或幼儿园教师摆脱知道所有事情的责任，那么这可以大大减轻父母或幼儿园教师的负担。尽管如此，反问"你对此如何看待？"不应被简单地理解为一种万能药。当孩子们发问时，我们有责任认真对待，并找出最好的回应方式。因此，我建议在提出反问之前先停下来思考一番，并反问自己：为什么孩子会问我？他想从我这里得到什么？此问题会有明确的答案吗？如果是的话，我们会在哪里找到答案？

不少父母可能对照片的例子并不陌生，它关乎以下对问题的几种处理方式：

"妈妈，我那会儿在哪里？"可能只是对于照片拍摄时停留之地的善意之问。对此，我们可以利用简略的信息来满足孩子的发问："你知道吗，那时你正在和爷爷一起度假呢！"或者，正如父母圈[1]里的一位父亲所建议的："那时你正在按下相机的快门！"现在，只要这些回答符合事实，那答案就是合理的。尽管对于儿童所期待的一切都应当成为真实的东西，但这并不表明我们在任何时候都有必要向他们呈现整全的"真理"。母亲本可以真诚地告诉孩子："哦，这我就不知道了。"然后问她的姐姐："你还记得，当时小妹妹在哪里吗？""你那时还在我的肚子里"或者"你还没有和我们在一起"都有可能成为合适的答案。

当然，所有这些反应都表明，孩子并不是带着迫切期待答案的情绪而发问的。绝望与愤怒的爆发乃在于母亲主观上不愿意承认孩子的存在："你那时还不在。"

不过，"妈妈，我那会儿在哪里？"的提问也可能出于其他的原因：也许来自对姐姐的嫉妒？也许是因为不确定自己是否真的被爱？就算没出现在照片上，人们也希望听到自己是被爱的？如果是这样，那么对这个问题的回应或许根本不需要那么多话，而只需要一个当下的拥抱，或者说："亲爱的，你那时还没有出生，但现在你在这里啦！"。强烈的情绪要求我们首先对其进行感知，然后认真对待。此外，建议做一个思考的停顿，这是有道理的。请你转向你的孩子，看着她的眼睛告诉她，你感受和理解到的东西。如果需要的话，你可以用一个问题向她求证："你之前去过这个地方吗？"或者"我们要不要去找一张你独自一人的照片？"然后，把孩子抱起来，以便使她感受到她渴求的亲密关系。

"妈妈，我那会儿在哪里？"可能会在某些情况下具有哲学的面向，即当孩子早就知道了关于出生和生育的问题后，她突然想知道我们在出生前不被

---

[1] 父母圈（Elternrunde），作者伊娃老师组织家长进行哲学探究活动时围成的圈。——译者注

拍摄记录的事实。我们现在当然"已经总是在这里",并不是"曾经都没存在过"。但在妈妈肚子里之前,我们在哪里存在呢?这应该是孩子真正想要问的问题,母亲可以借此与她的两个孩子进行一场哲学的对话。她可以这样反问:"嗯,是啊,我们之前在哪里呢?你们怎么看?我们可能在哪里呢?"或许母亲很快就会发现,即便是对成人来说,这个问题迄今为止都没有终极的答案……那么,人们顶多只能通过有说服力的信念来让自己满意。作为父母,你当然可以把自己的想法告诉孩子,但你可能也会错过孩子的精彩甚至是睿智的观点,同样你也失去了一次像孩子那样对存在的奇迹感到惊叹的机会。

几个星期后,开头描述的场景又重演了一遍,但这次母亲是这样解释的:"你那时还只是我们的一个愿望"。女孩听到这个答案明显变得非常高兴。一个愿望!是的,人们尽管看不到它,但愿望是如此美好,谁会不喜欢成为父母的愿望呢!

还没等我把这一个问题的背景都讲完,你可能就会在傍晚逛街时遇到或听到这样的问题。比如,孩子在路上看到了准妈妈。**"妈妈,我那会儿在哪里?"** 的问题很可能意味着"妈妈,我也在你的肚子里吗?",或者,关于立场的澄清:"妈妈,我那时是不是在你的肚子里,因为我不在照片上?"莎乐美·威德默在最后写下了她与4岁孩子的对话:

> 顺便说一句,我的女儿最后得出结论说,她在天堂花了很长时间考察、思考并选择出了她未来的父母,然后乘坐一辆隐形的火车,踏上了去地球的旅程。在此过程中,她变得越来越小,直到她能够在没人发现的情况下钻进妈妈肚子里,然后再次成长。

还是一个很大的问题?

4岁的孩子不仅想知道他们曾经在哪里,而且也会提出"我为什么会在这里?"的问题。很多成人在还没有明确这个问题的多层含义之前就把一个答案抛给了孩子。他们或许会这样解释,"你之所以在这里是因为我们生了你","是因为我们希望有你",或者"因为你可以给我们带来欢乐,因为你的哥哥想要一个妹妹"……也许真正的问题是:为什么我不是出生在其他的家庭,如果出生在邻居家呢,那里会比我自己的家更美好吗?或者由于小妹妹、小弟弟的到来,孩子会感到自己作为第一个出生者的宝座受到了威胁,自己原本受到的关注被分配给了新来的婴儿,感觉自己受到了排挤,因此问道:我为什么在这里?这里到底有没有人需要我?你更喜欢我的小妹妹吗?

面对小孩子抛出"为什么"的问题时,情况是这样的:人们一开始总是不确定是否要寻求一个解释:我为什么在这里?这是怎么发生的?……或者把问题与目的或意义相关联:我在这里有什么好处吗?我和你一起在这里有什么好处?

另一个例子可能会对此有所澄清:"天为什么会下雪?"

热心的幼儿园老师现在可能会谈论水和温度，或者提到抖枕头的霍勒大妈[1]。但是，如果男孩只是简单地重复这个问题，人们可以自信地认为他不关心雪的形成，而是关心它的意义：下雪有什么好处？当然，下雪的话我们就可以堆雪人了！这就是雪的意义。根据经验来看，在1001个"为什么"的问题上，小孩子们通常倾向于更多地关注问题的意义而不是对它的解释。而且因为小哲学家们，即便是4岁的孩子都已经有许多自己的想法，所以我们建议把问题这样还给孩子："嗯，你是怎么认为的呢，天为什么会下雪呢？"或者："你为什么会和我们在一起呢？你是怎么想的？"这样做的好处是，我们成人并不可能知道一切，如果能让孩子呈现他们的一些答案，这当然会让他们感到自豪。通常情况下，孩子其实已经做好了分享自己想法的准备。

即使小孩子不像青少年或成人那样总想要知道生活的意义，但4—8岁的孩子总是会关注在他们的生活中所遭遇或发生之事的意义，所以他们会问：月亮为什么会亮？我为什么要去睡觉？天为什么会黑？

作为初来世界的新手，他们每天都在经历未知、惊奇，有时甚至是恐惧。当一切都得以理解、排列和命名，他们就能够更好地与这个世界打交道。"这是什么？"属于最初的问题，有时并不是通过言语，而只是用手指和发问的语气来表达。随之而来出现的问题是"为什么？"，当孩子不知疲倦地问为什么时，一些家长往往感到精疲力尽：为什么这些小孩要这么做？是谁教他们如此执着地问为什么？

我们已经知道，世界上存在着各种联系，对此必须关注联系背后的原因。在经验之前，我们已有大哲学家康德所谓的先天范畴，从中我们推出原因与结果之间的联系，并且我们从一开始就带着因果范畴与世界相遇。这就是所

---

[1] 格林童话中的故事，霍勒大妈抖枕头时抖落的羽毛会像雨点般变成金子掉落下来。——译者注

有的孩子会问"为什么？"的原因。而质问"为什么"也表明了我们人类的独特性，即我们不仅像动物那样感知着周遭事物，而且我们想要理解这些事物存在的意义。这种独特性的前提条件是内在的表征能力，在心理学家那里表达为感觉运动的（由感官所带来的）观念和图景，它使我们能够对眼睛或手无法直接触及的东西进行设想。表征的塑造在生命的前几个月就已经开始了，等到孩子表现出怕生的时候，父母对这种塑造就会有所认识。而后婴儿学会区分母亲的脸与其他不属于"妈妈"概念之中的人脸。当语言出现的时候，表征获得一种言语的标签形式，凭借此人们可以表达问题或者猜想。

例如，我的母亲告诉我，当我还是一个蹒跚学步的孩子时，我摸着她的腋毛，并以一种质疑的语调说："妈妈？棉絮？"概念和语言让我们不仅能够体验此地与此刻的世界，而且还拥有了记忆和关于它的思考："妈妈腋下的这个东西感觉起来像昨天洗手间里的棉絮一样。"现在孩子能够把印象和话语放入各种各样的观念中，这些观念也许是关于昨天的，也许是关于明天的。他们从经历到的东西中引发出结论或假设，并借此通过不断重复来佐证一种行为。

我们都知道一种小孩子很喜欢玩的游戏：在吃饭的时候，孩子把勺子掉到地上，然后妈妈立马把勺子捡起来。由于孩子觉得"当啷"的声音很有趣，所以他们会尝试第二次、第三次地把勺子掉地上。当杯子被推到边上，它是否会掉下来？人们还可以让其他什么掉下去呢？尽管妈妈耐心地拾起勺子，但她完全不像婴儿般对此感到有趣。可是，对孩子来说，这证实了他的观点，即"我放下的一切都落到了地上"。可惜，当孩子第一次玩充有氦气的气球时，原有的"洞见"就被无情地反驳了。当我放手的时候，为什么气球突然飞了起来，而不是掉到地上？这一次，孩子再也不觉得有趣了！

孩子的无数问题有助于让他们更好地理解他们附近、未来以及远处的环境，并探测他们自己行动与游戏的范围。孩童的好奇心和探求欲将孩子们变成了小哲学家和小研究员，他们孜孜不倦地用问题烦扰成人，因为他们相信我们肚子里总有可讲的答案。如果我们偶尔说"不知道"，他们可能不会相信我们，但这也许是好事。孩子们可能会抗议道："你为什么不知道？你肯定知道！"然而，这总比孩子直接放弃和不再理会问题要好。不过，仅仅停留在坦白地承认自己无知是远远不够的，因为与此同时我们给出了一个错误的信号：不要问这么多！在这种情况下，我们可以更好地向孩子展示如何处理未解释的问题，例如，如果是关于实际事情的问题，我们可以根据问题的类型反问："谁可能对此有更多的经验？我们可以询问谁或去哪里找资料？"或者，如果它是"大"问题之一的话，我们可以说："嗯……你觉得应该是怎么样的呢？"更为重要的是，我们要向孩子表明我们对他的想法感兴趣并使他相信，可以通过自己单独地或者与家人一起去找寻可能的答案。有时还需要把问题先推延一下，因为不然午餐就要糊了。但推延不意味着暂停，我们或许可以在约定的时间再与孩子讨论有益的问题。或者，寻找一个合适的故事来推进之后的对话。

鼓励自我反思——与幼童进行哲学探究是对他们独立思考的鼓励，即使对话并不涉及或高或深的哲学内容。这是来自我们花园的小故事：

> 我们刚建成的小生态园里已经栖息着许多山椒鱼和蜗牛，4岁的邻居妮可过来玩的时候问道："池塘里有动物吗？""你看到有哪些动物呢？"我反问她。她立即环顾了四周，却又问道："为什么里面会有睡莲？"我很快答复她："嗯，因为我把它们放了进去。"之后，幸运的是，我突然想起平时教导学生的"反问"工具。妮可本来就已经准备好了她的答案，并且这个答案给人完全不同的感觉："不是这样的，睡莲在里面，是因为山椒鱼在下雨的时候可以躲到睡莲下面！"我对此感到震惊，于是问她："你是认为山椒鱼怕水吗？"她一定察觉到了其中存在一些不合逻辑的地方，她意识

到了不确定性,所以在没有给我任何回应的情况下,立马跑回了家。

不确定性对孩子来说总是最美好的,而我的问题也如进行哲学探究时一样保持了开放的状态,因此也就不会让小女孩对进一步思考失去兴趣。现在的她已经是一个生意盎然、总是充满好奇和乐于反思的快乐少女。

尽管在处理幼童的问题时,不存在简单的方式,但毕竟理解每一个问题背后指向的东西是什么,这总是有所帮助的。如果孩子涉及哲学的问题,我们当然期待着与他一起寻觅、惊叹、幻想和思考可能的答案。随着时间的推移和不断的练习,我们将更好地理解这些问题。在下面的章节中,我将借助不同的案例来展示,如何更好地帮助孩子在大问题上找到自己的答案以及建立自己的观点。

苏格拉底

著名哲学家苏格拉底生活在公元前469年—公元前399年的雅典。

他没有写过任何书,而是在市集上询问老少对于好的生活以及如何过好的生活的看法与思考。他做哲学的方式可以同他母亲的助产术相比较。尽管他并不帮助孩子出生,但他通过提问技艺引导人们产生自己的想法。在儿童哲学中,我们也尝试像苏格拉底那样做。

通过我们的"**助产术问题**",我们引导孩子深入地思考一个主题,对各种观点进行质疑,为自己的观点寻找充分的理由,并且清楚地演绎自己的观点,可以通过文字、绘画或舞台展示。就这样,对于他们的"智慧"而言,我们完成了"助产"的工作。我们之所以这样协助他们独立思考,是因为:

独立思考使人变得聪明!

小问题如何变成大问题?

一个小问题如何变成大问题?我最近刚在一年级的课堂上和天资特别好的学生经历了这个过程。

孩子们的任务是在一段时间内对或大或小的问题进行收集,在彩色的纸上用或大或小的云朵来标注。安排这个练习的目的是让孩子们能够逐渐将哲学问题与简单的问题区分开来。在接下来的一个小时里,他们展示了自己的云朵,并相应地解释为什么他们将某个问题评为大问题或小问题。在收集问题的游戏中,随之而来,小哲学家们的研究产生了一个非常大的问题:所有生命的起源。通过引导谈话的方式,也就是苏格拉底所谓的"助产术",孩子们可以天马行空地思考,并且进行猜想和演绎,在逻辑的验证中,最终建立起共同思考的观念。就这样,我们的共同探究开始了,在此,我们将渐渐地走近关于主题的可能答案。

下面是一些问题和论证。

M.阿丽娜：这是一个小问题，因为地球是圆的，它不停地在转，地球的四面八方由天空包围着，那么天空当然也不会停止运动。

K.阿丽娜：这是一个大问题，因为答案不在任何字典中出现。

蕾娜：这是一个大问题，因为……如果我告诉你明天会发生，但是我们并不能确认这是不是真的。

玛丽·路易斯：这是一个大问题，因为……我并不真的知道答案。或许给我们送礼物的不是天使呢？

阿丽莎：这是一个小问题，又是一个大问题：说它是小问题在于，圣诞节的时候，人们需要在家里放一棵树；说它是大问题是因为人们并非一定要有圣诞树才能庆祝，例如穆斯林家庭就不需要圣诞树……

丹尼斯：这是一个小问题，因为每个人都知道：上帝创造了生命。

对于最后一个问题，有两位小哲学家表示不同意丹尼斯的观点。但当我请他们对自己的反驳进行论证时，他们却无法明确地解释为什么他们要把这个问题定为大问题。对此我们展开了下面的对话（在牢牢把握"助产术"的基础上）：

师：为什么它可以成为一个大问题？（补充理由）

生1：《圣经》中说的东西并不一定是真实的。

生2：或许有人一同帮忙。

生3：我认为，有人能够帮忙。

师：你的意思是，在创造生命这件事情上？（确认孩子是否正确地理解问题）

生3：是的，这当然有可能。但是，即便上帝一个人创造生命，这还是一个大问题。

师：你为什么这么想？（论证主张）

生3：世界上有这么多人，上帝不可能同时创造出所有人！

生4：它不可能仅仅手指一弹就创造出人，而现在所有人都已经在了！那么，这必定是一个大问题。（"更有逻辑"的结尾）

师：现在我很好奇，丹尼斯会对你们的论证说什么。

生5：我认为……你们说得不对。我还是认为这是一个小问题，因为这个问题对每个人来说都是清楚的。

师：是真的对每个人来说都是清楚的吗？（典型的反问）

生5：嗯……这要视情况而定。

师：取决于什么呢？阿丽娜建议，可能有人帮助了上帝。那谁有可能是帮助他的人呢？（对孩子来说，举例子是很有帮助的。通过可能性的方式产生更多的猜想空间）

生6：不知道！

生7：有可能是耶稣？（孩子举出了一个例子）

生8：这一定是和上帝一样的人！（反驳）

生9：那就是他的儿子。（论证与勘误）

师：对这个问题，其他人还有什么想法吗？（继续问）

生10：天使？

师：啊哈！它有可能在创造生命上有所帮忙。

师：那么是哪种生命呢，丹尼斯？所有人类？所有动物？所有植物？（澄清"生命"的概念对于继续的探究是有价值的，但这里我们不再继续追问）

生5：就是所有生命。（他继续思考）

也就是……水为植物、为太阳创造了生命……

所有东西都需要水……吃饭也同样创造生命！

师：你们其他人怎么认为的？他说的有道理吗？为什么？（寻找理由）

生11：花需要水来成长，太阳也是。

生12：我们需要喝水，不然我们会渴死的。

生13：我们同样需要太阳，我们需要光！

生14：在南极的人也需要太阳，当冬天不再有阳光的时候，他们至少也需要月光。

师：月亮也对创造生命有所帮助吗？（反问以及定位主题）

生15：不，只有太阳。——啊？（他们有些惊讶）

生16：我这样认为：上帝创造了像水这样的东西，然而水创造了植物，而植物创造了食物，例如棕榈叶、香蕉……（逻辑的思考）

师：那么，不管怎么样丹尼斯是对的，因为最终是上帝创造了生

命？（通过继续询问来确定）

生17：是的，无论如何是对的。

师：而上帝的创造为植物、动物以及我们的生命提供了可能？（轻度暗示问题，对儿童的认知进行确认）

生18：是的，当然如此。

生19：如果没有太阳，我们都会淹死。（太阳与水的关系，生与死进入了孩子意义的世界）

师：淹死？为什么？你为什么这样认为？（要理解孩子的意思）

生20：如果太阳不把水晒干就会有洪水……

生21：如果没有太阳，植物会干枯……

（丹尼斯的想法也是基于这种联系，但是一种令人惊讶的观察分散了他的注意力。他往外面看了一下）

生5：早上当我们争吵的时候，教室里一片漆黑。而现在我们不再争吵，天突然就亮了。

师：确实是这样的！你的发现是多么美妙！相互之间的争吵确实使得一切都失去了光明！

丹尼斯，你给大家提出了一个非常棒的问题。一开始问题是很小的，但现在通过我们的思考突然变大了，就像我们把气球吹大了一样。（蕾娜这时候假装在吹气球）

生5：这同时是一个小问题也是一个大问题！（丹尼斯满意地总结道）

收集问题的游戏已经包括了有趣的哲学对话以及随之而来的延伸知识，例如：与其他许多问题相比，哲学问题的特殊性是什么？孩子们认为的"小问题"总会有一个能够揣测的答案,或者他们已经知道了答案。对于这样的小问题,我们称作"知识性问题"。而"大问题"则相反,孩子们需要论证,需要长期的反思,因为没有人知道答案,但人们至少可以通过哲学探究对此有更多的理解。

从成人的角度来看,这里有两个方面需要补充:其一,对于儿童来说,对一个问题是否真的能够找到明确的答案,他们没有统一的衡量标准。如果某些"知识性问题"并不属于孩子的认知范围,那么他们有可能在狭隘的意义上将它们理解为哲学问题。尽管如此,孩子们仍然可以通过哲学的"工具"来思考新的知识。其二,所谓的"知识性问题"一旦不再涉及事实性,就会突然变成哲学的问题,例如事物的内涵或意义。对此,下面的例子会有进一步的解释。

蕾娜在云朵上写下了这个问题:为什么星星在晚上会闪闪发光?这是小问题还是大问题?它们为何会闪闪发光,更确切地说,它们闪闪发光的目的是什么?

人们会找到一个解释,还是人们必须考虑其意义?

为什么星星会闪闪发光?每一位天文学家或物理学家都可以相对容易地为我们进行解释。但星星闪闪发光的原因,根本不是问题的关键。只有哲学家、浪漫主义者或者孩子们会一次又一次地问这个问题。

蕾娜把这个问题列为大问题。她的理由是：我不知道，我们为什么需要星星。当被问及她是否喜欢星星时，她犹豫地说："是吧……"。但对她来说，停留于主观的价值判断上并不能使她满足。因为你喜欢某物并不意味着，从客观的角度来看，某物对每个人就是美丽的或有效的。

小哲学家们的大问题常常与自然科学家、甚至来自不同信仰的神学家所提出的问题相同。区别在于，这些问题是如何得以解决的。当谈到可能知道的事情时，比如，星星之所以会闪闪发光，是因为它们内部的物质发生了反应，释放出巨大的能量，研究人员就开始根据该设想着手去证明。在宗教中则相反，人们会相信来自神圣文本中的一个或另一个答案：上帝让星星为我们照明。在哲学上进行思考的人当然并不排斥神学家！他们也会使用科学甚至古代智慧的文本所提供的一切：星星像我们的太阳一样，给我们生命的能量。有时候，就像伯利恒星洞[1]一样，他们似乎向我们展示了我们应该走的路。

在努力向智慧迈进的过程中，哲学家不仅对事情是怎么回事感兴趣，例如，恒星的光芒是如何产生的或者生命是如何产生的，他们也想知道星星闪闪发光的目的或者是什么让生命充满价值。他们试图找到答案，并向我们揭示一种意义或者内涵。同时，哲学家总是在反思我们的前设条件，以便我们能够知道更多：为了认识星星为什么发光，我们需要丰富我们的意义世界，增进我们的知性。当我们主张它们是美的，需要什么来支撑？谁会视星星为有意义的，

---

[1] 耶稣的出生地。——译者注

为什么？通过持续的质疑和证明，他们试图找到一个令人信服的答案。

通常情况下，8岁的小孩用"为什么"提问时并不想知道关于事实的解释，而是想问星星之光背后的含义：我们真的需要星星呢？与此同时，他们也不会满足于个人的判断，例如星星是否让他们喜欢。为了给我们所有人提供一个事物的价值或意义，我们需要的判断不能仅仅带有主观的有效性。特别是对于那些普遍的价值和主张，我们需要不同的论点和好的理由。在后面的章节中，你们将看到更详细的介绍。

针对儿童问题的其他文学作品——不仅仅是给孩子！

《7是不是太多了？》（*Ist 7 viel?*）
安缇耶·达姆（Antje Damm）著
莫利兹出版社（Moritz Verlag）出版
有许多答案的44个问题
"儿童是哲学家，如果人们愿意倾听他们的话！"

《打雷的夜晚》（*Gewitternacht*）
米歇尔·雷缪克斯（Michèle Lemieux）著
贝尔茨 & 盖尔伯格出版社（Beltz & Gelberg）出版
伴随着关于上帝和世界的诸多问题，一个小女孩度过了一个漆黑的风雨交加的夜晚。开启安抚儿童心灵的对话！

《小小的不》（*Das kleine Nein!*）
莱因哈德·荣恩（Reinhardt Jung）著
不老泉出版社（Jungbrunnen）出版
坚持不懈的"小不"希望知道他在出生之前在哪里，他不相信自己是在妈妈肚子里！奶奶知道怎么帮助他！

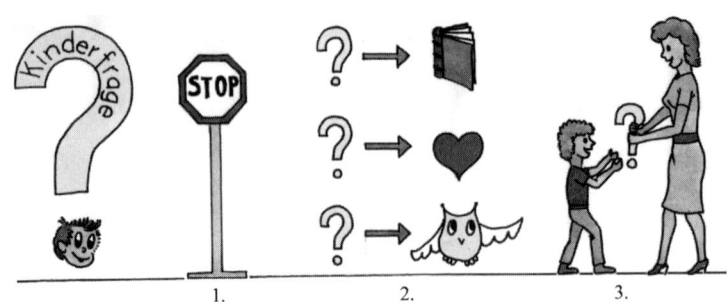

处理儿童问题的小贴士

1. 停！在你回应孩子的问题前，给予思考一些停顿的时间！

为了真正理解孩子问题中的关键，你必须投入自己的心理感受能力。如果需要，你可以问孩子：你为什么会有这个问题？

（1）对孩子来说，这是关于一个人们在某处可以找到的事实类信息吗？

（2）问题包含了孩子强烈的情绪吗？

（3）还是他对于那些存在多种看法的事情感到惊讶呢？

2. 现在，我们需要有合适的方案，以便最好地回应孩子真正关心的问题，而不是让他们放弃所有的想法！

（1）对于事实性问题：去哪里或者怎样我们能够一起找到信息？

（2）对于情绪性问题：孩子需要安慰、支持，或者一个拥抱？

（3）还是孩子想和我们一起反思、谈论或者进行哲学思考？

3. 如果它涉及一个哲学问题，我们就可以通过反问的方式开启一种和平共处式的对话：对此，苏格拉底式的助产术（为智慧之人的助产术）是广受欢迎的。

（1）你是怎么想的？也可以是：你真实的想法是什么？

（2）事情可能是怎样的？而不是：事情是怎样的？（猜想，想象，猜测）

（3）总是这样的吗？所有情况都这样吗？有没有可能不是这样的？（不同的选择或

者举例子）

（4）我们一起寻找支持或者反对我们论证的可靠理由。

在此，让我们给予孩子（首先是小孩子）优先权，以便他们不会迅速地、简单地采纳我们的观点。对我们来说，这里无关教导，而是一起找寻可能的（暂时性的）答案以及微小的"澄清"。

让我们的脑袋转起来吧，以使观点能够不时地转变方向！

独立思考使人变得聪明

不是所有孩子都有那么多的问题！

对，可惜是这样的！有些父母一次又一次地告诉我，他们的孩子很少提出问题，即便提出问题，也是关于相当实际的事情。幼儿园教师或者相关的教师当然熟悉这样的学生。这是怎么回事，我们该怎么办？我的猜想是，一方面，并不是所有的人都有同样强烈的需要将他们的想法传达给更多的人乃至整个班级，对此我们需要尊重他们。但是，另一方面，如果沉默的孩子已经构建好了自己的想法，却出于各种可能的原因认为他们所表达的想法是不受欢迎的，甚至是不必要的，那么我们就需要适度地进行干预。那么，这些可能的原因会是什么呢？

人们并不相信很小的孩子能够独立思考，他们富有想象力的思考经常遭到挑逗或者傲慢的嘲笑。善意的成年人想尽可能多地回答孩子们的问题，却给他们留下了一个印象，那就是答案总是存在的，并且只有大人们才知道。在学校里，孩子们屡次印证了这个印象并相信，教师们什么都知道。因为他们必须教的材料非常多，所以没有多少时间能够用于学习目标之外，去解决那些似乎没有可衡量的结果或"正确"答案的问题。

课程中的独立思考是值得期待的，甚至成为了绝大多数课程的大致目标。但是，在何处、何时以及如何向儿童教授这些内容，这些细节几乎从不出现在课堂目标中。就这样，一些曾经好奇并提出问题的孩子消失了，许多学龄儿童丧失了好奇心和自我惊叹的能力。

人们能够通过哲学对话抵抗这种损失。然而，在所有学校，特别是幼儿园开始哲学探究之前，对"哲学"的广泛偏见必须得以剔除和纠正。例如，始终存在一种占统治地位的观点：与儿童进行哲学探究关涉的是"大的"或学院内部的哲学问题，并且需要让孩子们了解伟大的哲学家及其复杂的思想。但我们在这里处理的却是"小的"哲学，即日常生活的哲学，在下面会展开更详细的描述。这种哲学关注根本的、批判的、创造性的、"人们热切关心"的问题，这些问题是所有共同生活在世界上的人都会遭遇的。在这样的哲学探究中，我们借助"聪明思想家的工具"（固定的对话模式或者哲学探究的入门工具）研究一个关乎我们所有人的大主题，直到我们对问题有更深的理解，而不是相信我们找到了一个对所有人都有效的最终答案。正如瑞士哲学家汉斯·萨纳（Hans Saner）曾说过："**哲学探究是提问的艺术，而不是等待一个令人满意的答案**。"他的导师雅斯贝尔斯称之为潜在的目标："**哲学探究意味着点亮问题**。"这表明，哲学对话在结束的时候应该使得问题更清楚，因为我们借助我们的知性（但愿也能借助心灵之光）来研究和澄清问题的不同方面。

在大多数课程中，学校的目标是教授孩子们确切的知识。在哲学探究上，我们可以使用这些知识。然而，重点并不在于可学习的事实和答案，而在于**培养原初的好奇能力**。这种好奇能力会激发人们去寻找合理的答案和看法：我们所生活的世界为什么是这样的？为什么不仅有美丽和善良，还有痛苦和悲伤？为什么我是我，而不是其他人？世界从哪里来？为什么我们所有人都会死？

托马斯·杰克逊教授告诉过我们一个很好的例子，他以这种方式和夏威夷的儿童进行了哲学探究。他曾在访问幼儿园时询问孩子们感到好奇的事情。一个 5 岁的女孩说："最近我看到布满星星的天空，我想知道星星背后是否有些什么东西。"在将近 1 小时的对话之后，孩子们谨慎地达成了统一的意见：上帝可能是答案之一。但是下课后，这个小女孩跑去问教授："杰伊博士（Doktor J.，孩子们这样叫他），你知道我现在在想什么吗？谁创造了上帝？"

我们曾经可能也有过这样的问题，可是小学生们什么时候还会如此自由地和深刻地发问呢？当然，在课堂中引入"工具"以及在实际的例子上进行练习是值得期待的。但是，即便到目前为止学校课程中不存在这样的安排，我们也有足够的机会将这类"小的哲学探究"纳入进去。例如，在语言或文学课上、常识课上（关于历史和地理、人和自然），甚至是在数学或几何课上（什么是数字？什么是无限的？生命是一条线段还是一条直线？）。当然，尤其是在社会或生物课上、宗教或伦理课上。在德国，一些州政府已经将"哲学课"纳入到学校的基础和主要的课程中。同样，在瑞士和奥地利，哲学探究有时会在宗教课程中进行。他们在基督教神学的基础上进行思考并且加以论证，人们对此将它称作"神学探究"。此外，伦理课通常是更为频繁的，在伦理课上，孩子们会思考价值与规范。但是，即使在这些课程之外，教师也应当关心道德和价值问题，父母也应该乐意与孩子就这些问题进行探讨：命令与期待的含义是什么、所有人在生活中重视的东西是什么等。

为了在哲学中澄清问题，坚持不懈地费心于演绎和权衡观点是必要的。与日常对话相比，人们在这里并不会很快地改变事先规定好的主题。在晚间的小会谈中，要坚持不懈当然并不总是可能的，但至少可以激发起孩子自己的思考。也许，人们可以在第二天再次唤醒他们的思考，并鼓励他们用文字或绘画来检验他们的想法。当儿童的问题以上述方式进行不断地推进时，其本身就非常有价值，因为不仅儿童通过这种方式适应共同思考以及不断思考，并感到自己受到大人的认真对待，而且我们这些被启蒙过的成人也敢于对那些不再勾起我们好奇心的问题进行思考。如果这些对话是极其美妙的，那么当很大的哲学问题出现时，希望敏感的父母们能花点时间，用这种特别的方式来拉近亲子之间的距离。

因为到目前为止，在瑞士还只有少数教师接受过儿童哲学教育方面的专门培训，所以不是所有人都已经明白了共同思考的重要性。任何理解这种对话价值的人（我希望我的书对他们能有所帮助）肯定会找到方法带领沉默的孩子走向重要的问题。下面我将概述一些能够引发他们的问题以及寻找一些可能答案的方法。

我还是再一次从我们最小哲学家的例子开始。

一般说来，有些学龄前儿童是胆小的，有些则胆子大一些，两者在生活中都有自己的表达方式。害羞的孩子可能更喜欢依赖父母，胆子大的则更喜欢独自尝试一切。现在，这在很大程度上取决于陪伴者——在生命的头几年，当然，尤其是作为父母的人——是相信孩子还是苛求孩子。到目前为止，大多数心理学家都认同：为了让孩子建立起自信和自尊，如果你仔细观察他们的行为和言语，并且经常鼓励他们自己进行各种各样的实践，这会很有帮助。伟大的教育家玛丽亚·蒙台梭利的格言也表明："**帮助我就是让我自己做**"。这不仅是在孩子想探索他们的世界时，而且也在他们提出问题、思考和说话的时候。这意味着一个孩子并不总会"得到"所有答案，从而杜绝了一种精神消费的依赖态度。请以友好的口吻鼓励孩子独立思考，让他为自己思考，并向他表明，他的想法让你满怀兴趣。例如，在说晚安故事时，不是等待孩子来提问，而是通过插入一个或另一个问题来展开对话。在花园中做自然观察或是散步时，也是引发问题的好机会。当你给孩子阅读图画书时，你可以时不时地停下来，插入"助产术"的问题。

在幼儿园和学校里,当其他人滔滔不绝时,也有很多孩子不敢说话。因此,建立和培养每个人都能感到舒适和安全的**对话文化**是每位教师的重要任务。首先,必须建立一种信任的基础,以便每个孩子都知道:在这里,我**被接受并受到尊重**。在这里,我可以说任何事情,只要我不伤害其他人。这里欢迎所有的问题,因此没有人觉得我愚蠢。在这样的背景下,安静的孩子也会开始说话。而随着时间的推移,滔滔不绝的孩子也会学会给其他人留下发言的空间。然而,所有人都发言并不是我们的目标,我们也不应该假设只有发言人参与了共同思考的过程。我们想要实现的长期目标是孩子们相互倾听、相互学习以及理解。在"哲学"对话中,我们关心的是**共同寻求知识**而不是通过竞争来判定谁是"正确的"或谁是聪明人。

孩子们在夏威夷这样做哲学

学生喜爱称哲学教授托马斯·E.杰克逊（Thomas E. Jackson）为杰伊博士（Doktor J.），他从1984年起担任夏威夷大学马诺阿分校"哲学进学校项目"的负责人。他为不同年级的学科老师进行儿童哲学方面的培训并参与他们的课堂。在与日本的一项教育基金合作下，他创立了檀香山地区的儿童哲学中心，致力于**日常的哲学探究**，也就是杰克逊所说的"小p"，与此相对的是作为"大P"的学院式哲学。杰克逊的活动范围跨越美洲大陆和巴西，从日本和中国延伸到欧洲。杰克逊所在的夏威夷乃是东西方种族文化交融的原始太平洋小岛，没有什么地方比在这里更适合儿童哲学的生长了。

通过杰克逊未发表的手稿"哲学入门"及

其他关于夏威夷幼儿园和小学入门哲学课程的文章，我想与大家分享一些简单的思考游戏和实用技巧。

托马斯·杰克逊所倡导的夏威夷儿童哲学最值得关注的地方在于：建立起良好的**对话文化**和所谓的"物理、情感和智性上的**安全地带**"。我们都知道，即使情况并非总如人所愿，让孩子在学校感到身心安全是多么重要。杰克逊坚定地认为，没有人应该认为他的思想贡  献太小或太微不足道，以至不值得人们期待。然而，我们大多数人都从我们自己的学校或专业会议中经历过这些情况：正在进行热烈的讨论，突然间自己诞生了一个想告诉他人的伟大想法。但是这个想法真的有那么重要，以至我立即插话吗？我能令人信服地推理它吗？我的想法真的会受欢迎吗？如果"我"宁愿保留而不是提出想法，那么这就是一个孩子无法待下去的"不安全地方"，因为它在观点正常发展之前已经阻碍了创造性、超常规的思维。对于哲学讨论小组来说，这种不带偏见的、无限制的思考是卓有成效的，因为我们要告诉对方的不仅是有趣的故事或经验，还有对特定问题的寻根究底。杰克逊还为此找到了一个合适的表达方式："**向表面之下挖去**"——在表面下挖掘，向深处挖掘。

三个方面的"安全性"表明，特定的仪式对孩子来说十分有益。因此，每个人（包括老师）在一个没有桌子的圆圈内坐下来。就此，每个人都可以看到彼此并增进彼此之间的了解，因为大家还可以看到对方的面部表情和手势。有意义的谈话规则正在逐渐发展并由儿童主导来协商。在轮流传递海豹球似的发言球的同时，孩子们进行了几轮对话。例如，檀香山怀基基（Waikiki）小学的一年级学生就出人意料地制定了以下儿童哲学规则。

哲学（Phi-los-o-phy）

1. 首先要提的是互相微笑（情感的安全性），伴随……
2. 倾听。在此，目标不仅仅是在简单地倾听时提出反对意见，也要对发言人进行移情式的赞同，因为人们真的想明白他所表达的意思。
3. 当你抛发言球时，请叫出对方的名字。
4. 当你有发言球的时候才能发言。
5. 小心扔发言球。
6. 一起惊叹！（智性上的安全性）

因为很小的孩子比较好动，所以在班级里我们用哼唱"**哲~学**"这个词来作为仪式。在每一轮谈话前，孩子们每次都要打着节拍有节奏地哼唱这个词。后来，我把这种类似的形式应用于更多的学校班级，在每一个词语部分，我都会稍微解释一下。

哲学探究（Phil-o-so-phie-ren）

"飞儿"（Phil）——让我们把手臂和手张开，试着拘住一个想象的地球仪，在那里，我们能够看到"飞儿"。

"哦"（o）——有好多！让我们拍一次自己的脑袋……

"嗖"（so）——再拍一次我们的腿：这就是世界的奇妙之所在！

"飞"（phie）——现在我们来倾听世界，并集中注意力：把双手放在耳朵后面，回头

> 看一下……
>
> "哼"（ren）——我们感知和发现的东西，都到了我们的心里：把双手小心地放到心上面。
>
> 通过这个小小的开端，我们可以成功地让好动的孩子安静下来，并让他们开始集中注意力。

另外，在方法上非常有帮助的要素就是发言球。这个"**团体的球**"是一个儿童共同制作的绒球。为此，每个孩子都可以选择一种他最喜欢颜色的羊毛绒线，在轮到他时，将其捆绑在纵向折叠的纸板（大约15厘米长和5厘米宽）上。在此之前，在折叠处放置一条坚固的纱线，以便当缠绕的羊毛绒线向两边伸展时，纱线能够将羊毛绒线捆扎起来，最终串成一个绒球。当双层纸板用鲜艳的羊毛绒线紧密地包裹起来时，教师要将之前安置好的纱线端部在开口边缘处系起来，并将所有羊毛绒线沿着边缘切割成一半。这里要注意的是，不要让剪断的线在捆绑中掉出来。所以，当你将纸板小心取出时，请确保纱线是扎紧的，羊毛绒线被牢牢地绑在一起而不会掉出来。完成毛茸茸的发言球后，你可以将它梳理一下。

孩子们喜欢这种协作性的工作，这样的工作象征性地将他们团结在一起，而不必放弃他们自己的"色彩"。所以，它与哲学探究是一致的：每个人可以在一个主题上表达不同"颜色"的意见。可以这么说，五颜六色的发言球为哲学讨论定下了基调：谁得到它，谁就有发言权，其他人都必须倾听他的发

言。然后，在引申义上，当人们把球给下一个孩子或者是幼儿园老师时，这表明每个人都属于这个团队，都应该贡献自己的想法。由于儿童会很快接受成人的意见，这里就需要有一些保留。我每次都建议我的学生要有两个例外的规则，一个是给谈话的领导者，一个是给所有孩子：谁领导，谁就不可以在谈话中拿发言球进行干预，如果你想提供实质性的内容，那么就必须做出请求。孩子们可以在没有发言球的情况下向发言者提问，但他们必须学会让有发言球的孩子先说。

发言球的功效在于它能让孩子们相互倾听，因为他们会不自觉地看着发言球。它使得发言的孩子在"不失去自己的颜色"的情况下，把握适当的时间来表达自己的想法。"杰伊博士"还建议，在传球之前，人们应该叫出对方的名字，怀基基学校的一年级学生非常乐意地接受了他的建议。显然，这一切都有助于建立上述的"安全地带"，这是愉快交流的先决条件。其他明确的规则还包括，例如，只要尊重他人，你就可以说任何东西；或者任何人都不应该被诋毁或嘲笑。当人们感到有些搞笑或有趣时，笑声毕竟是有秩序的。当人们感到很奇怪时，就可以使用工具"W——你说的是什么意思？"。

聪明思考者的工具箱

奥地利儿童哲学家多丽丝·道勒（Doris Daurer）把杰克逊的"好思考者的工具箱"（The Good Thinker's Toolkit）翻译为"**聪明思考者的工具箱**"（Die Werkzeugkiste der schlauen Denker）。这个工具箱包含七个哲学上使用的

"工具"，无论是涉及"大 P"（专业哲学）还是"小 p"（日常哲学）。即使在幼儿园，人们也可以逐渐引入和不断练习这些工具。如果孩子们掌握了一点阅读和写作能力，他们可以在每张卡片上写上一个大写字母，并放置于座位的圆圈内。现在，任何没有发言球的人可以随时拿起工具卡中的一张，并默默地表示他想提出一个问题或对问题贡献自己的想法。

聪明思考者的工具

S：真的是这样的吗？
　　一切都是这样的吗？
　　有没有例外？

B：给一个支持你观点的例子！

GB：谁知道反例？

W：你想用这个词 / 概念 / 说法表示什么？
　　是否有可能存在相同的概念？
　　或者是否有可能存在相反的概念呢？

G：给一个理由！
　　支持和反对的理由是什么？
　　你是怎么得出这个结论的？
　　这是一个令人信服的理由吗？
　　为什么？为什么（不是）？

A：这个理由背后有哪些假设？是对的吗？

F：我们能够得出哪些结论？
　　它们有逻辑或者说服力吗？

最后这两个工具总是紧密联系在一起：如果……那么……

我们用"W"代表"你说的是什么意思?",这个问题要求孩子或老师通过例子表达他的说法或澄清他所用的词语。我们用"G"代表"我对此有这样一个理由!",或者向发言者询问:"你如何论证你的主张?"。工具"S"代表反问:"你所说的是真的吗?它总是对的吗?有没有例外存在呢?"对于已经受过训练的哲学家还有更多的工具可以使用。

典型的"思考工具"问题举例

工具"W"总是和概念(你说的"世界"是什么意思?是有树、石头、房子……确实存在许多不同类型的东西!)或者与一个完整的论述(你是这么想的?)的澄清相关。我们总想确切地理解所表达的词语究竟是什么意思。对此,我们寻找同义词或近义词,抑或反义词,然后,我们询问它们的不同之处。就这样,我们慢慢地就能对别人想要表达的东西理解得更好。与"W"问题比较接近的是**举例或举反例的问题**,正如我们在前面关于写在云朵上的问题所进行的讨论:

- 当丹尼斯主张上帝创造了生命时,我问他:"你说的生命是什么意思?"为了解释这个概念,我们寻求例子:哪些东西是有生命的?(动物、植物、人类)以及反例:水是不是也有生命?
- 当阿丽娜问:"为什么天空从来不停止运动?"我们用"W"和"B"的问题寻求对于"天空"概念的不同含义,例如:星空、宇宙、大气层、地球上的苍穹……"那么,你说的天空到底是什么意思呢?"

在这些问题上,就不禁产生了哲学家使用的大思想工具,即**反问"S":真的是这样的吗?**

- 上帝创造了生命，真的是这样的吗？谁帮助了他？是怎么样帮助的呢？
- 所有人都知道这件事情，这个主张是对的吗？你是怎么得出所有人都知道的结论的？人们是怎么知道的呢？
- 天空从来不停止运动，真的是这样的吗？大气层从不停止运动吗？地球上的天空呢？当我不开心的时候，它还在那里运动吗，还是停止运动了呢？

在工具"S"之后，我们有**工具"G"——关于理由的论证**，从而使得观点更具影响力。

- 天空从来不停止运动，你是怎么得出来的？
- 为什么你认为上帝不可以自己创造出所有的生命？
- 如何证明太阳也参与到了创造生命之中？
- 哪些地方可以表明水也对此有所帮助呢？

更为复杂的是**工具"A"——假设以及"F"——推论**，尽管它们在每次谈话中都会出现，但对于8岁的孩子来说，还比较难进入他们的思考中。

- "如果上帝独自一个人创造所有的生命，那么他需要很长时间，因为世界上有好多人和动物。但是我们对此一无所知，我们只能仅仅假设一番。"
- 当蕾娜说"我不知道为什么我们需要星星"时，她的前提假设是，我们需要星星。但"S"(反问)！这个假设是正确的吗？

- 当阿丽娜问："为什么天空从来不停止运动？"她并没有在反问，是否天空真的不停止运动。同样，她的前提假设是，局部的天空从来不停止运动。这里用"W"问题进行展示的就是：你说的"从来不"是空间上的，还是时间上的？
- 她的逻辑结论是令人惊讶的：地球是圆的，而围绕着地球的是天空，因为地球从不停止转动，所以天空也要运动！

这些结论引导我们继续发问，并对其进行批判性地检验。只有这样，经过训练的小哲学家才会突破事物的表面，进入事物的核心，获得新的知识和洞察力。

关于工具的使用

这七种工具可以逐步地通过小游戏而非哲学深度的练习引入到课堂中。在下面的例子中，我将展示之前提到过的在儿童团体中对这些工具的应用，在一些关于动物的问题上相应地给出论证。

《为什么？》(*Warum?*)

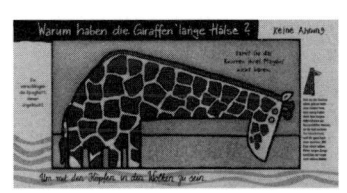

里拉·普拉普（Lila Prap）著

苏黎世巴亚佐出版社（Bajazzo Verlag Zürich）2007年出版

对14个动物的14个为什么

56个错误的回答和14个正确的回答

一本有趣的工具书

在第一个为什么之前，大象向小书虫们寻求帮助：

亲爱的好奇者朋友们！

你不喜欢书中对于问题的回答吗？有些回答你不喜欢吗？那为什么不自己去找寻一个自己的答案呢？另外，如果你不喜欢某些动物的样子，那请你再找一个新的动物吧！

"为什么长颈鹿有长长的脖子？"
——"它们总是生吞意大利面。"
——"为了听不到胃里面的咕噜咕噜。"
——"为了让头放入云朵里。"
——"不知道。"

图片旁边配着的小字是关于动物问题的答案，孩子们每次都可以在结束时参阅。但首先，他们应该自己为长脖子找寻有趣的论证，这会带给他们愉快和窃喜。在结束的时候，所有孩子都可以自己画一个动物，然后为它写下为什么的问题，并把图片给其他孩子看，让其他孩子对此做出诙谐的和正确的论证。

另外一次，在我们试图探究"天空的问题"时，我们用"太阳的宝座"练习了"G"（论证）工具：一个孩子坐在一把椅子上，我们将这把椅子视为太阳的宝座。所有其他的孩子坐在地上，向太阳宝座上的孩子提出任何关于天空的问题。只要宝座上的孩子能够想出一个答案——不管是真的论证还是想象的，他就可以继续坐在上面。如果他没有想法了，就请另外的小朋友坐上太阳的宝座。

为了让幼儿园里的幼童习惯于论证,杰伊博士有他的办法:当所有人都坐成一圈讨论一些问题的时候,他突然在他们中间喊道:"停!你们听到她说什么了吗?"所有眼睛都注视着他。"奥利维亚刚才说了'因为'!"孩子们对杰伊博士的突然介入感到惊讶,所有眼睛都瞪得更大了。"是的,奥利维亚刚才说了'因为',这表明,她给出了一个理由!你们知道吗?哲学家也是这么做的!从现在开始,当你们听到有人说'因为'的时候,拍一下自己的膝盖(他声音响亮地做了一下示范),然后喊道'啊',你们同意吗?"然后,孩子们当然开始了用拍膝盖和"啊"的叫喊来对"因为……"进行回应。很明显,每当孩子们说"因为……"的时候,都是想引起其他人的掌声。

论证无疑是最为重要的工作,因为只有通过论证,人们才能对他们的假设和主张进行强调。比方说,你想要别人接受某个观点,最好是把观点置于可靠的原因和根基之上。但是,哲学家不只满足于每个论证!有趣的答案使人开心,并且给孩子们带来乐趣;当我们认真地对"正确"的答案或解释产生兴趣时，论证就会走得更远，因为**工具"S"（真的是这样吗？）**就会重新出现。

一个孩子认为，所有天鹅都是白色的。

孩子2："为什么？"（要求论证——工具G）

孩子1（用例子论证——工具B）："因为我在湖面上看到了天鹅，它们都是白色的！"

孩子3（知道一个反例——工具GB）："但是，确实存在黑色的天鹅！"

孩子1（用工具S反问）："你从哪里知道的？"

孩子3（论证——G）："一个朋友告诉我的，他从不骗人。"

孩子1（不放松追问）："那么，他是怎么知道的？他会不会搞错了，尽管他不想欺骗你，但他也有可能是开玩笑说说的……"

孩子4（举起"GB"的卡片）："但是，我在一本书中看到过黑色的天鹅！"

老师："这是一个好理由吗？为什么可能不是？"

孩子5："如果只是一本童话书，当然可能有黑色的天鹅，但这不是现实中存在的。"

孩子4："那不是童话书，是动物词典。"

老师："区别在哪里呢？"

孩子2："在童话书中，天鹅可能是绿色的、黄色的甚至是其他任何颜色的，但在动物词典中存在的是真的天鹅，并且不是白色的就是黑色的。"

孩子1："你看到了吗，我刚看到的只有白色的天鹅，因为这个湖上面没有黑色的天鹅。"

正如上面关于天鹅的对话所展示的，为了让理由更加充分，通常需要**工具"B"（例子）**和**"GB"（反例）**的帮助。无可否认，这个对话是我自己发挥创造的。但实际上，我经历过几十次类似的对话。工具"B"和"GB"对于抽象能力较弱的幼童特别有用。例子可以支撑一个观点，而反例则表明命题必须（"所有天鹅都是白的"）得以修改。同样的情况我们可以在宝宝的勺子游戏中看到，即一切东西放手之后都会掉到地上，但气球的例子则需要孩

子重新思索这个命题。科学也使用相同的思维模式。人们通过许多例子和重复的实验得出的相同结果来试图验证一个假设。但是，唯一的反例则会较快地导致更精确的知识，因为通过证伪而来的当头一棒，使得原本不确定的命题变得更为明确。

在这些例子中，无论是勺子还是天鹅的问题都需要用到哲学工具（无意识地）来接近"真理"。然而，就内容而言，这并不是没有任何明确答案的"大"问题，而是一个可理解和可解释的问题。尽管在对话中我们用到了一些哲学工具，但它不是一个"大"的问题，我们是否应该称之为哲学探究，这似乎是次要的。相反，更为重要的，在我看来则是，孩子在对话中产生了谨慎和独立的想法，形成了新的认识。借助"聪明思考者的工具箱"，他们以后能够更加巧妙地解决更大的问题。

在**哲学课堂讨论结束**时，问题并不总是已经得到了澄清。有些话题需要我们继续探究，因为它们是很大的问题。孩子们可能希望，老师可以把这些问题保留下来在未来继续讨论。有些孩子，甚至成年人可能会有所担忧，即在谈话结束时，显然没有达成任何目标。那么，浪费时间了吗？哲学探究毕竟在这里发生了，它比起一般的闲聊在我看来至少更有意义。

杰克逊讲述过三种人们在哲学探究中**进步的可能方式**及其目标：

- 人们有可能比对话开始时更加困惑。这种情况下的进步在于，人们开始注意到问题比原本想象的要复杂得多。
- 人们也可能发现一些以前没有注意到的、与主题相关的其他问题。
- 不管怎样，人们找到了一些初步的答案也是可能的。尽管这些答案是暂时的，但却让我们与真理更近一步。通过整合新的经验，我们可以深化自己的理解，因为哲学探究是一个终生的过程！

杰克逊建议评价每一次哲学对话,以更好地理解和评估当下已经实现的价值。教师应通过手势语言向孩子们反馈以下两个方面:

评　　价

我们作为团体合作得怎么样?

我们的对话怎么样?

对于团体,我们可以问这些问题:
- 我们互相倾听得有多好?你自己有好好地倾听吗?你有被他人好好地倾听吗?
- 你的参与如何?你始终跟着主题在思考吗?你有足够多的收获吗?
- 你在团体中感到安全和愉快了吗?

对于对话的质量,我们可以根据练习的重点来提出不同的问题:
- 我们有始终保持选定的话题吗?
- 我们有通过探究使得对问题的理解更深入吗?
- 我们是否提及了足够多的例子和反例?
- 我们是否清楚我们所使用的概念?
- 我们感知或想到了什么新的东西吗?
- 对话有趣吗?给我们带来乐趣了吗?

两方面的重点都在于对一些问题进行评价。孩子们通过"竖起大拇指"或"倒竖大拇指"的方式表达他们是完全同意、部分同意,还是完全不同意。最好闭上眼睛,以免受到他人影响而分心。

对于杰克逊来说，这种评价与整个谈话一样重要，因为现在不仅仅是思考一些问题，而是真正地反思（Nach-Denken）或重新思考（Re-flektieren）（从字面上看，就是回归到自己）：我们对自己的思考质量进行思考，正如自苏格拉底以来哲学家一再做的事情——我们是谁？我们能做什么？我们该如何行动？

即使不是在学校，而是在家庭的小圈子内不断地在所谓的元层面（Meta-Ebene）寻找问题的答案，也是值得进行的哲学探究。即使在私人生活中，分享的内容也不仅仅是日常话题！知道这些哲学工具是有必要的，甚至可以让非常活泼的孩子使用发言球。所以每个人都可能会说，无论问题的大小，哲学探究成为了营造融洽关系的催化剂。

小贴士：与托马斯·杰克逊的儿童哲学相关的资料

《与儿童进行哲学探究？》（*Ist Philosophieren mit Kindern Philosophie?*）

玛丽亚·爱兹格尔（Maria Eitzinger）著

萨尔布吕肯出版社（Saarbrücken）2008 年出版

《用托马斯·杰克逊的方法与青少年做哲学》（*Philosophieren mit Jugendlichen nach Thomas Jackson*）（硕士论文）

科内利亚·缪德勒（Kornelia Möderle）著

因斯布鲁克出版社（Innsbruck）2008 年出版

这两本书对杰克逊在夏威夷开展的儿童哲学探究有更详细的介绍。

用童书引出对话

我是谁？——用关于同一性问题的图画书进行哲学探究

你小时候最喜欢的书是什么？我最喜欢的一本书是《小猫皮皮》(*Pitschi*)，尽管这本书已经非常旧了，却依旧是我最心爱的图画书。**汉斯·费舍尔**（Hans Fischer）在 60 多年前画了这本图画书和这只对万事万物充满好奇却历经艰险的猫，他还创作了很多其他精美的图画书。不幸的是，这位苏黎世艺术家只活了 49 岁，但他的"皮皮"却仍然活着。这本书一直在不断地重印发行，因为即使在今天，孩子们炽热的心中总关着这只可爱的黑白相间的小动物。为什么会这样？为什么一些几十年前的图画书对现在的儿童仍旧有吸引力？

在我的儿童哲学文献中心"考茨林"（s'Käuzli）陈列着一千多本图画书，它们都是我在实践过程中陆续添加的。许多书都已经买不到了，有些则在第一次印刷发行时就卖光了。许多故事在几年甚至几十年后都还在不断地印刷新的版本。我注意到，某些名字时常在这些名录中出现，例如阿斯特丽德·林格伦（Astrid Lindgren）、米切尔·恩德（Michael Ende）、李欧·李奥尼（Leo Lionni）、马克斯·维尔修思（Max Velthuijs）、赫姆·海恩（Helme Heine）、朵丽丝·利茜尔（Doris Lecher）、大卫·麦基（David McKee）、安特耶·达姆（Antje Damm）、沃尔夫·埃布鲁赫（Wolf Erlbruch）……每当一本新书刊发时，我为什么会对这一串作者的名字如此敏感，是因为这些艺术家总是能够讲述几乎可以发生在每个孩子身上的故事，然后用无须翻译的视觉语言传达给孩子。每个孩子都是皮皮，如同小猫试图像公鸡那样自豪地发出叫声，或者添上尖尖的角把自己变成丽萨奶奶的山羊。没有一个孩子不愿意把赫姆·海恩的阿鼠乔尼当自己的朋友，所有孩子都明白大卫·麦基的艾玛并不是彩色的，而是如所有大象一样是灰色的。但从艾玛或者皮皮身上，孩子们发现，一个人做他自己是多么好的事情。

我是谁？我能做什么？我喜欢什么？是什么让我与众不同？这些是孩子们在故事中发现的哲学问题，而且也是他们自己的问题。这些主题在动物形象的塑造上**与人格相联系**，无须大人提示，孩子们就会自己对号入座。在与儿童一起思考故事中的角色时，我们也是在思考我们自己以及生活，也就是在进行哲学探究。

在一年级的课上，老师也用《小猫皮皮》教授阅读和写作。当其他五只小猫都在沉睡时，皮皮是唯一坐在篮筐中醒着的小猫，老师在小猫旁边添加了一个对话框，请孩子们在那里写下皮皮此刻的想法。哈娜立马写上说：

为什么我变成了一只猫?

有些孩子在阅读或聆听图画书时会自己提出问题,还有一些孩子,则可能首先需要让他们意识到,故事不仅仅是用来读和看的,还需要对此有所思考。这样有助于为促成或小或大的哲学对话做一些准备。对家长而言,他们可以借助"聪明思考者的工具箱",如同老师把对话框画在皮皮的旁边一样。她在熟睡的小猫们旁边写道:"只有一只小猫仍醒着,它惊讶地环顾四周,并思考各种各样的事情。它大概在想什么呢?"老师在这里引出了工具"B"(举例子)和工具"GB"(举反例),并且让好奇的哈娜提出了为什么的问题。

当我把目光聚焦到一次对话时,我当然会通读一本图画书,"阅读"故事和插图:故事和什么相关?这本书里提到了什么?里面的图片讲述了什么?里面的语言传达了什么?线条之间的界限里有什么,这样的展现触发了怎样的效果?作者是否给出了"故事的道德寓意"?我们能想到的问题有哪些替代的解决方案?我也会设想孩子们会如何反应:故事中的哪个地方会引起他们的评论或让他们觉得好笑,以至提出一些问题?他们会对哪个部分特别感兴趣?孩子们自身的哪些相同经验可以与故事相比较,孩子们的哪些感情会得以激发出来?最后,我会在故事中寻找一些能够插入问题并激发孩子思考的地方。我会用书面形式来编写这样的助产术问题,它们当然必须适合儿童的年龄。然而,这只能帮助我在讲故事时记起问题,因为我当然不想像做采访一样带着笔记本去幼儿园。当然,父母也不用在每个睡前故事中都像我一样地耗费精力。

> **《小猫皮皮》的苏格拉底式发问**
>
> - 皮皮认为,他可能是一只公鸡,因为它可以叫得非常好听。他说的有道理吗?(反问:工具S)为什么不呢?(论证:G)
> - 如何区分猫和公鸡?他们有哪些相同的地方吗?(发现异同:更确切地感知与思考,工具W:一个……到底是什么?)
>
>   皮皮现在知道,他不是公鸡。但是他有可能是一只山羊?(孩子眨眼示意——当然不是!)为什么不是呢?(工具G)
>
> - 为什么皮皮一直想试图成为一只公鸡或者一只山羊,你是怎么想的?(开始猜想)你在此发现了什么?
> - 你会给皮皮什么建议,他之后应该怎么做?
> - 你知道你是谁吗?你是怎么知道的?
> - 人们如何能够对自己有更多的了解?(反思)

为了逐步进入哲学探究,这样的准备对于父母或孩子周围的人也是很有意义的,它很快就能让孩子的哲学探究走上正轨!

因为我们借助准备好的故事就能达到哲学探究的目的,我们的助产术问题应该包含哲学工具或者触发孩子们运用这样的工具。

在"我是谁?"这个问题上,图画书让我们与第二个同样重要的问题无缝对接:"你是谁?""通过'你','我们'变成了'我'"是犹太宗教哲学家马丁·布伯(1878—1965)所坚信的。在和孩子谈论人类的普遍性时,我们也需要对个体的特点和差异进行反思,这有助于我们寻找自我以及构建起稳定的自我形象。与此同时,它将为进一步讨论哲学问题奠定基础,例如宽容、争吵以及友谊:如果我们都是与众不同的,那会发生什么?我们必须躲避陌生人吗?建立友谊需要志同道合的人吗?或者差异能够促进关系的建立吗?

这些是亚里士多德在 2500 年前已经处理过的问题，但它们仍然为当下所有年龄段的人提供了有趣的话题！对于孩子来说，异类存在者往往是引起他们发笑的主题，有时甚至会导致欺凌现象。我们希望通过讨论出更好的替代方案，来让孩子们发现不同存在者的优点。

你不一样，你不属于这里！

以下摘录的与学龄前儿童的"哲学"对话表明，即使是小孩子也能够反思他们的行为，并在没有成年人进行道德灌输的情况下得出他们自己的结论和概括。下面这个对话发生在幼儿园，由我的一名女学生带领。在对话结束后，她向孩子们讲述了许多异类存在者的故事，有时也会在其中插入一些助产术问题。在她第一次用这种方法进行实践之前，她参加了我当时在瑞士博登湖克罗伊茨林根地区的图尔高提契诺师范学院所开设的儿童哲学课程。

师：你们当中有谁曾经不公正地对待过别人，因为他对于所有人来说都是多余的？

M：当 S 刚来我们班的时候，我们对她并不友好，因为她说的东西和我们不一样。她那时候是新来的，现在我们都很喜欢她。

J：一开始我们不能与她友好相处，因为我们还不知道她是不是善良的。

师：因为你不知道她是不是善良的，所以你就对她不友好？

M：（尴尬地一笑）啊，是的……但那时候她的表现也并不是特别友好。

J：是的，现在我们都很友好，因为她现在完全正常了。

师：她变得正常了，因为你们认识她了？

J：是的，已经认识了。

A：人们会把认识的人看作正常的。

F：是的，因为人们认识了，不再是陌生的，所以就是正常的了。

M：我也这么认为，不管怎么样，这都符合逻辑。

接着，我将使用来自幼儿园的两个例子来展示这些指导的具体情况。大多数父母或祖父母也可以将其作为进入哲学探究的准备，因为不仅小学生（以及学龄前学生）对"差异"感兴趣！当成人讲述或阅读图画书（也包括其他主题）时，我们都可以鼓励孩子们这样思考。

"小黑母鸡"的故事

《小黑母鸡》（*Das schwarze Huhn*）
玛汀娜·施洛斯马赫（Martina Schloβmacher）/ 文
依斯坎得·基德（Iskender Gider）/ 图
纽格鲍尔出版社（Neugebauer Verlag）出版

故事是关于一只母鸡的，它是大农场中无数白色母鸡中唯一的一只黑色母鸡。但那并不是唯一的"坏事"，这只母鸡还产下尤为特殊的蛋。它们是星星形和心形的，看起来完全不像普通的鸡蛋。因此，这只母鸡被其他母鸡嘲笑，并且被傲慢无礼的母鸡夫人训斥。有一天，在复活节的时候，一只兔子为了寻找彩蛋来到了小黑母鸡的农场，对小黑母鸡下的稀有鸡蛋感到兴奋不已。它小心翼翼地给鸡蛋涂上颜色后进贡给了庆祝复活节的国王。国王非常高兴，就把小黑母鸡带回了他的城堡，这样他每天就能吃到特别的早餐了。

首先，我的学生法比内思考的是作为哲学谈话主线的问题是什么。这样的"**基本问题**"应该尽可能广泛地得以把握，以便为所有儿童提供思考对象的范围，它应该是关于我们共同生活中的一些最根本的重要事情。在谈话过程中，孩子们沿着问题主线从故事到融入自己类似的经历，甚至可能从这里进一步延伸到与我们所有人相关的归纳和见解，正如前面那段谈话记录所展示的。这里的基本问题是：每个人都是特别的吗？那会带来什么好处？还是会带来什么困难？

此后，成长中的幼儿园教师思考了诸多**助产术问题**，他们将根据下面的思考将其分类至**有意义的不同模块**。

1. **这个故事提出了所选主题的何种视角？**

与专业哲学不同，与儿童进行哲学探究总是会涉及我们大家时不时提出的问题，比如，我们是谁，我们如何变成现在的样子（哲学人类学）以及我们应该做什么或者我们应该被允许做什么（伦理学）。故事讲述了一种将差异理解为干扰因素的傲慢和不宽容。在讲故事期间，教师应当首先通过提出助产术问题来澄清这个视角。（工具 S 代表：这是真的吗？它真的必须这样吗？）

2. 孩子们在这个话题上能谈谈自己的何种经验？

由于孩子在大多数图画书中能够毫不费劲地借助动物来认识自我，他们在故事中"体验"了那些存在于经验领域之外、自己从未遇到过的冒险或问题：异类存在，被嘲笑，被排挤或者排挤他人……这样的例子我们可以让孩子带入到对话中，以找到他们与主题之间的联系。（工具 B 和 GB）

3. "特殊"究竟是什么意思？（工具 W）

使用示例，对该术语进行考察和分析，直到在对话中，每个人都理解人们在使用这个词时想表达的意思。这样的"概念澄清"（我们并不对其进行解释，而是共同考察这一术语的内容和范围）也属于对反义词或近义词的划界，以"差异"为例，"特殊者""局外人"，或者相反的，如"相同者""正常人"。工具 W——你说的……是什么意思？——在此只作为详细的描述性应用。对于评价——在这件事情上，会带来哪些好的方面和坏的方面——我们将在下一步进行。

4. 如果某人是"异类"，可能会有什么好处或坏处？

现在是时候有意识地对大多数主观的说法进行判断和评估了。通过具体例子和反例（工具 G，B 和 GB）对草率的观点进行比较和更确切的说明，从"偏见"到合理的"判断"。有时可以就价值问题成功地在客观的说法以及答案上达成共识。

通过我们向孩子们提出的助产术问题，我们鼓励他们独立思考并帮助他们就特定主题表达自己的想法和观点。由于学龄前儿童的词汇量还不是很大，我们常常必须为他们提供合适的措辞或术语。有时我们会让孩子们把他们的想法画出来，因为这样可以使得他们更容易解释或说明自己的"智慧"。

虽然哲学对话无法从头到尾地进行计划，但值得考虑的是，在对话探究的过程中我们所要面临的情况。可以说，这些构成了对话的单独章节，如同采访时要提前准备问题一样，没有这些，我们会觉得对话有些盲目。不过，只要我们对于基本的问题有所交流，我们就能够看到对话中更多可能性的角度和切入点。

以下是我的两个学生针对《小黑母鸡》这本书准备的助产术问题。

---

1. **关于这本书的问题（精准定位主题，在故事中激发孩子的思考）**

- 当这只小黑母鸡发现自己是唯一的一只黑色母鸡时，她的感受是什么？（要求更多不同的答案）
- 当小母鸡因为她的颜色和生的蛋奇形怪状而被所有母鸡嘲笑时，如果你们是小黑母鸡，你们会怎么想？（在此，同样不要停留在第一个答案上）
- 如果你们在她的位置上，你们会有什么感受？这些感受将会是什么？
- 你们会说什么或者做什么？
- 那些听从母鸡夫人的母鸡排挤小黑母鸡，你们对此有什么想法？为什么这么想？
- 她们可以做其他不一样的事情吗？（引发想象，找寻可能性）
- 当她们发现小黑母鸡被国王领走时，如果你们是那些白母鸡，你们会怎么想？每个人都真的会同样地思考与感受吗？

2. **与孩子类似经验相关的问题**

- 你们中谁有嘲笑别人的经历，因为他与大多数人不一样？请说！
- 你们当时的感受是什么？你们当时做了什么？

- 你们自己有没有因为别人的不同而不友好地对待别人?

3. 对核心概念的澄清（我们对差异做何理解?）

- 你们什么时候会有对于某人"不同"或"异类"之类的看法?
- 除了这里的小黑母鸡与其他母鸡的不同外，还有其他的不同吗?（请注意，不仅仅是外貌，还有性格、行为、嗜好、能力等）
- 你……你……你们之间有什么不同的地方? 别人可以从哪些方面来认识你们?
- 你们做了什么不同于大多数孩子的事情? 你们能够做哪些特别好的事情?
- "异类"的反面是什么? 是"正常"吗? 还是相同? 有什么是必须一致或者至少是类似的呢?
- 当我们说一个孩子是"正常"的，我们想表达的是什么意思?
- 你和邻座之间有什么共同的地方吗?
- 你们之间有什么不同的地方? 表现在哪里呢?
- 你们有什么特点呢? 也许是你们做了一些特别好的事情或者你们会玩特殊的乐器，还是?

4. 评价（用好的理由来支撑观点）

- 其他母鸡排斥小黑母鸡的真正原因是什么? 谁还想到了更多的理由?
- 有时候，当某人是异类的时候，他妨碍到你们了吗? 还是没有? 为什么?
- 有时候，成为异类会不会是一件美好的事情? 有谁曾体验过这样的事情? 请讲述! 为什么会是美好的?
- 什么时候成为异类会更好? 是怎样的异类呢?
- 普通有什么好? 为什么? 谁还有更多的想法?
- 为什么不是所有人都是一样的，你们是怎么想的?
- 如果所有人都不一样，会不会是好事? 为什么?
- 如果所有人都一样，会怎么样? 你们会发现什么?

以下是根据助产术问题进行的对话片段,来自瑞士的幼儿园(翻译自当地方言)。

师:当这只小黑母鸡被所有母鸡嘲笑时,她的感受是什么?(通过将自己代入到故事主人公的角色中进行移情练习)

F:我觉得,她会很难过,因为她没有和她一起玩的朋友。

M:是的,有可能之后去找妈妈都很困难。

L:有可能并不是因为她与其他人不一样她才被嘲笑。

师:如果你们是这只母鸡,你们会有什么感受?

A:我可能会哭。

R:我不知道,但我可能会非常难过。

F:我也许会从农场跑掉。

J:但是你要是跑掉的话,你就孤立无援了,这给人的感觉非常不好。

F:是的,会这样,但在农场里,小黑母鸡也是孤立无援的,她没有朋友。

J:但是逃跑的话有可能会非常危险。

师:这只小黑母鸡有可能自己保护自己吗?

M:嗯……我可能并不相信……

师:为什么不相信?保护自己很难吗?

M:是的,因为其他母鸡那么多,这只小黑母鸡完全独自一人,如果其他母鸡发怒了,她们可能会给小黑母鸡带来痛苦。

A：是的，因为其他母鸡太多了，而小黑母鸡只有一只。那么，她需要很多勇气。

师：你们班上有没有同学与其他同学有些不一样？（将个人经验与主题联系起来思考）

L：是的，A同学总是一个人，当她过来找我们玩的时候，我们并不想跟她一起玩，因为她太奇怪了。

师：你说的"奇怪"是什么意思？她哪里奇怪呢？

L：就是很奇怪……（停顿）……她总是很安静，并且不说话。她穿的衣服总是很吓人，啊，还总是发出奇怪的味道（偷笑）。

师：你说的奇怪就是她很安静、不穿漂亮的衣服以及总是闻起来很臭吗？

L：嗯，是的。（点头）

师：但是，R同学，你也总是很安静。你也是奇怪的吗？

R：不，当然不是。（微微一笑）

L：不。R同学不奇怪，只是有些孩子比较奇怪。

R：在我们班上有个特别奇怪的人，他完全是个局外人。我认为，局外人就是奇怪的人。

师：一个局外人总是奇怪的吗，还是一个局外人随着时间而变得奇怪？

L：是的，A同学一开始并不是局外人。但是当她总是被人排挤后，她就不知道怎么变得很奇怪。

R：是的，N同学首先在二年级时被人排挤，于是就突然没有了任何朋友，因为她的行为总是很奇怪。

L：是的，总是这样的，当一个孩子做出来的事情很奇怪时，他就渐渐地被人排挤了。

师：你们说，奇怪的孩子大多数都是被排挤的？

L/R：（点头）

师：对我们来说的奇怪和异类到底是什么意思？（在概念上深入的工作）

L：当人们是不正常的时候，也就是与其他孩子不一样的时候，就有一点奇怪。

F：正常的意思就是像所有人一样。我们大家都很正常。当一个人像所有人一样时，他就是正常的，因为他与其他人一样。

M：不，我并不这样认为，因为我们大家都是不同的。也就是说，例如，人们并不是残疾的。或者，正常的人有光鲜的皮肤，如果有人的皮肤是深黑的，那么他就不正常……

L：但是，J同学的皮肤好黑，但他却是正常的！

M：是的，尽管他的皮肤是黑色的，显得不正常，但他还是正常的，如果他在非洲的话，而不是和我们在一起！

师：那么同一个东西并不是在任何地方都是正常的？

F：不，例如有些国家的人吃饭声音很大是正常的，但对我们来说并不正常。

师：当你们看到有人这样吃饭时，你们会做什么？（过渡到评价和建构观点的形成）

A：我有一次在饭店，那里有人吃饭声音很大。因为S同学和我觉得那个人有些笨拙，所以嘲笑了他。（咯咯地笑）

师：那你们做的事情难道不是像白母鸡们对小黑母鸡所做的事情一样吗？

A：啊……（尴尬地一笑……陷入思考）是的，不知怎么地确实如此。但是，这样吃饭实在是太搞笑了。

L：你知道吗？一个人因为这样吃饭，或者因为妈妈没钱买贵衣服而穿不好看的衣服被人嘲笑，这是很残忍的事情。（停顿，陷入沉思）……好，对别人残忍有时候可能是有理由的，例如，因为她是母鸡首领，她就可以嘲笑别人。

师：如果有人和你们不一样，这是否会让你们很烦恼？

F：是的，因为他想要的并不是我们想要的，当他是异类的时候。

J：但是，每个人都可以是不同的！你和我就不一样！我们大家都会在某些地方不一样！这对于我没有任何妨碍。事实上，当 P 同学喜欢吃黄色的糖，而我爱吃红色的糖时，我们之间的不一样是多么的好。如果我们都喜欢一样的糖，那我们就会吵架了，而现在一切都很平和。

A：不，我觉得妨碍到我了，例如，B 同学的德语很糟糕，每次我想和他说话的时候，他一点也不理解，也不做我说的事情。

师：那么，是不是有时候不一样很好，有时候不一样也会带来困难？

F：是的，就是这样的。因为如果人们理解不了一个人，就会造成麻烦。

师：有没有可能有的时候有一些不同会是美好的？谁有过这样的经历，某人有一些不同，却非常享受这种不同。

M：有一次，我摔断了腿，然后我就绑上了石膏。当别人都问我"你怎么了"的时候，我觉得很有趣。所有人都把东西递给我，妈妈总围着我转……那感觉很酷。

F：我们有一次在度假，那里所有人都穿得很奇怪。因为我和他们穿得也不同，所以我显得有些异类。但是我自己觉得还算正常。他们也觉得他们正常。我们大家都觉得自己是正常的。

师：哈哈，你们都认为自己是正常的，但对其他人来说却显得有些异类。人们可以既正常又异类吗？

M：是的，因为一个人对自己来说总是正常的。例如，J 的皮肤是黝黑的，因为他父母的皮肤也是这样的，所以他觉得很正常。但对我们来说，因为我们的皮肤是白色的，所以……尽管我们是不同的，但我们都是正常的。

在对话的最后，我们会通过回溯基本问题来一起回顾我们在讨论中所推进的一些认识：关于特殊性，我们发现了什么优势和劣势吗？

很有可能这已经足够改变孩子们对待"小黑母鸡"的态度了，而不再需要额外强调"故事的道德寓意"。尽管当孩子们再次遇到这种局外人的现实情况时，并不一定会记起这个对话，因为在团体中，大部分孩子不会主动要求来展开对话。

为了让对话效果更明显，在结束的时候，我们可以以小组的形式表演这个故事，以此让每一个小组都可以体会和思考小黑母鸡与其他母鸡之间的相处过程。或者，正如学生建议的那样，每个孩子都会得到一个母鸡样子的纸板卡片，他们可以用各种材料在上面贴上异类的"羽毛"。在一个相互熟悉的儿童小组中，我们还可以玩"热水澡"游戏，每一个想要洗澡的孩子站到圆圈中间（在淋浴头下面），一个接一个，而其他的孩子依次问他喜欢哪些同学的特别之处。这个游戏需要一个认真仔细的引导，孩子们要提及的不只有外表的特征，也可以包括其他孩子的性格特点或者能力。孩子们必须要避免使用伤害他人的言论，因为这是一个"热水澡"。

夏威夷的小学哲学课程中肯定还会进行**"手势性评估"**，以反思沟通的质量和对话的深度。这两种结束对话的方式都是有意义的。但如果孩子们不得不长时间地训练耐心,我会更倾向于设置像绘画或跳跃这样的活动。

下面我们来看另一个关于同一性和异类存在的例子:

折耳兔瑞奇被嘲笑了

很多童书都涉及差异的主题,这表明许多群体——不仅仅是儿童对这个问题相当熟悉,并因差异而产生矛盾,甚至感到担忧。好的图画书作者能够敏锐地感知到那些困扰着孩子的问题。大多数情况下,这些故事也提供了解决方案。对那只小黑母鸡来说,她真是太幸运了,好在复活节的兔子将她的鸡蛋带到国王面前,从而将小黑母鸡从母鸡夫人的控制下解放出来!但是……进行哲学探究的人们也会关心这个"但是":如果没有国王知道我们的话,我们怎么办呢?我们如何找到自己的解决方案或替代方案?

关于差异的第二本图画书简称为"瑞奇"(Nicki)。**吉多·范·西纳顿**(Guido van Genechten)写了这个故事,并配上了相当棒的插图,由安内特·贝茨出版社出版。在这个故事中,主角自己变得主动起来,从而发现了他作为一个异类的角色,孩子们也可以帮助他出一些好主意。

《折耳兔瑞奇》(*Nicki*)

吉多·范·西纳顿(Guido Van Genechten)著

安内特·贝茨出版社(Annette Betz Verlag)出版

故事：瑞奇是一只看起来与他的朋友不一样的兔子。他没有两只直立的耳朵，而是一只耳朵耷拉一只耳朵竖起。因此，他经常被其他兔子嘲笑。这就是为什么他不开心的原因，而且他也尽力想把他的第二只耳朵竖起来。但那只会让他的朋友笑得更厉害。最后，他去看了医生，医生检查了他的耳朵并确认一切正常。他向瑞奇解释，并不是所有的耳朵都相同。瑞奇对此进行了反思，最终意识到他不必为自己的特殊性而不高兴。所以他可以再次和他的朋友一起玩，尽管会引来笑声，但这次他和朋友们一起笑了！

下面是使用《折耳兔瑞奇》在幼儿园进行哲学对话前要准备的材料：

基本问题：

- 为什么所有人都不是一样的？
- 当一个人与其他大多数都不一样时，他有什么感受？
- 人们如何与异类打交道？

故事中的提问：

- 为什么瑞奇突然不高兴了？什么令他感到难过？
- 你们自己体验过这样的事情吗？那是什么情况呢？
- 瑞奇身上有什么地方有别于他的朋友？
- 我们可以如何帮助瑞奇？有哪些方法？
- 他自己又能做什么？谁还有其他想法？

- 医生对瑞奇做了什么？他给瑞奇"治病"了吗？
- 为什么瑞奇突然又高兴了？
- 我们之中是否也有一些像折耳兔瑞奇那样被他人嘲笑的人？（过渡到孩子的个人经验。从这个问题的叙述进入真正的哲学探究）

针对基本问题的助产术问题：
- 异类真的会成为一个让人悲伤的原因吗？总是这样吗？什么时候或为什么可能不是呢？（反问和说明不同的原因）
- 人们是怎么发现有人不太一样的？
- 人们是看出来的吗？例如？（看出区别，具体地思考）
- 其他兔子在哪一点上将自己与瑞奇区别开来？
- 班上的同学都是一样的吗？你们相互之间如何进行区分，还是没有区分？还有哪些方面可能不一样？（练习寻找差异）
- 除了可见的方面外，还有哪些地方能够区分？
- 哪些方面我们大家都是一样的或几乎一样的？
- 我们必须努力和别人一样吗？为什么（不）？（反问和论证）
- 你的朋友有哪些与众不同的地方吗？你觉得这些不同的地方怎么样？为什么？（论证观点）
- 如果一个人是不同的，什么时候是好事？什么时候会带来麻烦？为什么？
- 如果世界上的人都一样会怎么样？（猜想）

这就是学生的课堂计划。然而，在**入门练习**（孩子们应该尽可能地发现不同胡萝卜之间的诸多差异）时，孩子们就可能思如泉涌，即在故事的讲述中讨论问题时就已经产生了许多想法，以至未能给讨论助产术问题留下充足的时间。对于初学者来说，这种经验是很常见的。但是，这并没有那么糟糕，因为即使哲学的、有趣的深度未能总是得以发现，孩子们也已经为后面深入对话中的重要元素进行了练习：在看到所有胡萝卜、兔子以及每个人的嘲笑等时，孩子们发现了差异并适当地表达出来，尽管这些东西在主观上看起来像是一样的，但这是差异化思考以及准确思考的一个非常重要的先决条件。用充分的理由支持观点，并从他人那里获得新的想法，以便激发出自己的想法，这也是长期以来哲学家所运用的方法。孩子们在探讨"瑞奇"的对话中练习哲学的基本入门方法。

幼儿园老师这样描述和孩子一起开展哲学探究的经历

［我和许多孩子坐在幼儿园舒适的小角落，我把瑞奇介绍给他们。然后，我把有许多胡萝卜的图片（在扉页上）给他们看，以此开启寻找差异的游戏］

师：你们知道的胡萝卜是怎样的？

J：掰断的胡萝卜……

C：胡萝卜，人们可以把它们放到牙齿中间。

N：有点粗和短……

S：是弯的……

C：……像咖喱一样。

N：完全是直的。

J：也有黄色的胡萝卜！

S：杏仁膏里面有胡萝卜！

师：兔子之间存在怎样的差异呢？

C：年轻的。

N：老的兔子。

S：黑色的。

J：有褐色的兔子。

N：有灰色的兔子。

C：也有白色的，黑灰色夹着褐色的。

师：瑞奇有什么特别的地方吗？

S：他的一只耳朵是弯的。

师：他的耳朵为什么会弯呢？

C：可能他故意把耳朵折下来，这样他的耳朵就可以来回晃动了。

N：可能他把耳朵给打断了。

[（过了一会儿）瑞奇把胡萝卜藏在折耳里面，这样他的耳朵就竖起来了。（所有孩子看到这里都笑了）]

师：刚刚你们说，嘲笑是令人讨厌的，而现在你们自己也笑起来了！

N：我们并没有嘲笑他，只是觉得这样很有趣！嘲笑瑞奇的是其他兔子！

师：的确！那些兔子的嘲笑听起来如何？你们可以模仿一下吗？

（幸灾乐祸地讥笑）

师：你们笑别人的时候，笑声是怎样的？

（所有孩子开始演示）

师：谁还知道有其他笑的方式吗？

N：当人们开心的时候，人们这样笑。（喜洋洋地注视着幼儿园老师）

C：R女士，当我笑的时候，别人也总是会笑，因为他们觉得我的笑声很好玩！

S：是的，我也是这样的！

师：如果要让耳朵竖起来，瑞奇还能做什么？

C：可以在绷带上画画，让这只耳朵看起来和另外一只一样。

S：把折耳粘起来，让它竖起来。

N：让一只大象在后面追着它跑，这样耳朵就总是竖起来了。

师：最后，瑞奇去看医生了。医生检查了他的耳朵，然后轻声低语："咿呀！咿呀！咿呀！咿呀！"（孩子们表演）

"你知道吗？瑞奇，所有耳朵都是不同的！"（用医生的角色说）

但这是真的吗？

N：是的。

S：不！我的耳朵是一样的！

师：哦！那你有两个左耳朵或者两个右耳朵吗？

所有人：（不知所措）啊……啊？

师：让我们来看看周围小朋友的耳朵！你发现了什么不同的地方吗？

J：N同学的耳朵比我小！

N：我们所有的人本身就是不一样的。

C：不！双胞胎就不是这样的，双胞胎当然有一样的耳朵！

S：不可能完全一样！只是看起来相似而已。

在这之后展开了关于人类的诸多差异的讨论，以至后面没有时间来建立更为清晰的观点和对差异的价值进行评价。分辨差异（胡萝卜、兔子、笑声、人类的耳朵）在这里得以多次锻炼，这不仅对于语言的培养有着重要的作用，也是作为进入更为复杂的哲学对话的准备。

针对学龄前儿童的基于图画书的哲学探究通常如第二个例子所述那样进行。人们可能会质疑，用"哲学探究"一词来形容这样的活动是否合理。从大多数德语国家的儿童哲学家的观点来看，我们所做的有两个方面属于"真正的"哲学探究：一方面，我们用到了反问、论证、概念澄清的思考工具；另一方面，我们在相关主题或内容上的根本性、原则性、普遍性的总体反思带有典型的哲学性质。对此，特定的抽象思维是必要的，并非所有发展心理学家都会认为学龄前儿童具有这种思维。但只要贯穿于故事书的主角或来自儿童自身的经验能够打动孩子，某些思维工具就能得以运用，甚至是频繁地应用，如同上面"瑞奇"的例子，尽管人们会在用"哲学探究"来评价这样的活动上犹豫不决。但这会使活动变得不那么有价值吗？

我个人认为，对于这个年龄阶段的孩子来说，更为重要的，不是被动地听一个故事，而是更仔细地观察，并学会解释故事（哲学探究中的核心部分！）。在助产术问题的激发下，他们很乐意用自己的经验和想法思考并丰富故事。他们开始想方设法地用语言、绘画或个别场景的表演和模仿来表达他们的想法。成年人可以提供他们需要的帮助，但不需要把儿童的认识引向某个特定的方向。目的不是教授"故事中的道德寓意"或者某些问题的解决方案，而是让他们自己去发现问题、解决问题。通过这种方式，他们学会了反思自己和其他孩子的观点，并与其他孩子交流，尊重他们可能不同的意见。最后，同样重要的是，对于成年人来说，这也是一个很好的机会，可以在非常私人的层面上与孩子们交流，享受乐趣，并共同踏上新的思维方式的探索之路。

伊曼努尔·康德（1724—1804）

德国伟大的启蒙运动哲人区分了"基于学院概念的哲学"与"基于世界概念的哲学"，后者是所有人与世界在日常生活中的照面。康德谈论的主要问题是：

人是什么？

康德将此分为三个领域：我们能够思考，我们应当行动以及我们可以对此希望，即存在一个比可见世界更大的世界。

我们人是想要学习、知道和理解的存在者。但是，我们如何获得确切的知识？我们的感官和知性对我们有所帮助。

有些东西是不能被证明的，但人们却能够对此有所经验：真的有上帝存在吗？死亡之后是什么？我们有自由意志吗？在此，我们的思考触及了思考的边界，然而，因为我们有理性与逻辑，这些思考和信念与单纯的幻想是不同的。

作为人类，我们总是不断地面临决定我们生活轨迹的选择。在此，"实践"的理性或者道德情感（康德也这样称呼）能够帮助我们。

更多适合主题的图画书

对瑞奇的嘲笑或对小黑鸡的排斥不仅引发了对"我是谁？你是谁？"的主题式问题，这也关乎价值观和诫命：我们应该如何生活和行动？

用专业性的术语来说，人们将对人的本质的追问称为**"哲学人类学"**。"认识你自己！"是德尔菲神庙入口处的一句神谕，它引领着古希腊人不断地去发现自己。

"人是什么？"2000年后，伊曼努尔·康德演绎了这个所有哲学家的主要问题,而这个问题也会在日常生活中出现,并且令人惊讶的是,孩子对此也有能力回答!让我们和孩子们一起思考我们人类究竟是谁,是什么构成了我们的个体特殊性,同时又是什么让人类在所有差异中团结起来。

彼得·施皮尔(Peter Spier)《人》(*Menschen*)的英文版于1980年首次在纽约出版,直到今天,德文版几乎每年都在蒂内曼出版社(Thienemann)重印发行。该书于2004年修订,并以如下句子开头:"目前,世界上有近7,000,000,000人生活……"

一本描绘人类多样性的图画书,里面有数百个各式各样微小而有趣的生活场景。其他国家的人们所认同的美丽、善或重要是什么?所有年龄段的孩子都可以在图片中沉醉几个小时,并惊叹于其他人如何生活、居住、吃饭、玩耍、工作、思考、写作、相信……

这本书让我们发现人与人之间的差异,但最主要的是发现将地球上的人类连接起来的共同性。例如,事实是,我们在生活中都用(脑教授一样的)头脑、(心小姐一样的)心灵和(肚子先生一样的)肚子。大肚子有时会需要耗费力气来平衡像脑教授的知性和心小姐的情感。这就是**赫姆·海恩**(Helme Heine)在其深刻的图画书中所说的:

《**你不知道的三个朋友**》(*Der Club*)[米德尔豪弗出版社(Middelhauve),2001]以温暖的幽默描述了我们人性的三个方面以及我们每个人有时会产生的问题。尽管如此,我们都很高兴,他们三人在一起工作得很愉快并且效果很好。

这两本书几乎适合任何年龄段,即使是照管孩子

的成年人也会喜欢看。这就是最好意义上的"哲学人类学"。

如果我们继续思考我们应该如何与他人相处，我们应该如何与其他人以及环境甚至是共在的世界相处，我们的思考就进入了伦理学的领域。康德把这个问题处理为："**我们该怎么做？**"因为伦理学是哲学的一部分，涉及应然的事物。它考察和反问我们的行为和基本价值观念。人们思考道德与规范、善与恶、抑或（可能？）自由意志，思考关于理性向我们提出的规则和诫命，关于影响我们决策的价值和意图。

关于伦理学的主题

关于规则和价值的哲学探究可以借助童书以描述的方式进行，而不需要任何道德灌输，即便这看起来会更高效。以下是通常在故事中会经常碰到的伦理学主题的问题：

- 什么是好的，什么是恶的？人们可以做什么，不可以做什么？
- 希望、拥有和分享
- 争论、殴打、责骂，还有和解、宽恕
- 不同形式的说谎、欺骗、幻想
- 公正和不公正、人权和儿童权利等
- 图画书中的偷窃和欺骗等
- 愤怒、生气、嫉妒、复仇等情感
- 或者不愉快的情感，如恐惧、忧愁、悲伤等
- 但也有更多让人喜欢的感受，如快乐、勇气、骄傲、友谊和爱等

例如，在日常生活中探究伦理学，意味着我们与孩子一起思考规则或协议，而不是事先规定。当然，每个家庭、每个学校班级或更大的社区都需要共同生活的规则。我们不能每天讨论在马路上开车应该靠右还是靠左，或者是否所有儿童都必须上学。但是，当人们反复无视规则或规则引起冲突时，

我们应当时不时地对其进行更进一步的研究。这并不是为了对抗规则或废除规则，而是为了理解规则的含义，或者在必要时改变它们。因此，诸如"你不要嘲笑人！"或"你不应该排挤任何人！"这样的规则，无论它们在我们看来是多么合理，也可以受到质疑，正如我的两位学生用"瑞奇"和"小黑鸡"进行的尝试。大多数情况下，这样的对话会产生更好的效果，因为孩子们通过自己的洞察力来确认规则，而不仅仅是通过已道德化的成年人来把规则强加给他们。尽管如此，我们还是需要一次次地提醒孩子们记起我们的谈话，这一点是毫无疑问的。

以下第二部分介绍了儿童如何通过这些主题的故事进行哲学探究的其他例子。

伊曼努尔·康德还提出了另外两个关于人类的哲学问题（按照意义划分）：

我们可以知道什么以及我们可以合理地希望什么，尽管我们尚不能给出任何证据来支撑这种希望？ 在我们认识与理解的可能性与个人信仰（例如，上帝存在和灵魂不朽的信念）之间，康德试图划分知识与信仰的界限。对此，也有很多激发哲学探究的有价值的图画书，我们将在第二部分的内容中以哲学的方式来探讨宗教的话题。

关于我、你、差异的图画书

《我不知道我是谁》（*He Duda*）
乔恩·布莱克（Jon Blake）著
贝尔茨 & 盖尔伯格出版社（Beltz & Gelberg）出版
你能既是野兔又是英雄吗？自我的同一性还包括什么？

《花格子大象艾玛》（*Elmar*）
大卫·麦基（David McKee）著
蒂内曼出版社（Thienemann）出版
可爱的花格子大象变得和其他人一样，但其他人却喜欢大象艾玛的全身花格子。

《佩泽提诺》（*Pezzettino*）
李欧·李奥尼（Leo Lionni）著
贝尔茨 & 盖尔伯格出版社（Beltz & Gelberg）出版
我一定是某样东西的一部分吗？但是，是哪样东西呢？

《我叫皮皮菲莉比》（*Emma Pippifilippi*）
玛丽亚·布拉热约夫斯基（Maria Blazejovsky）著
不老泉出版社（Jungbrunnen）出版
不是所有的海鸥都叫艾玛，因为每只海鸥都像我们一样特别！

《就是"不一样"》（*Irgendwie Anders*）
凯瑟琳·凯夫（Kathryn Cave）著
厄廷格出版社（Oetinger）出版
"不一样"总是与众不同，他做的事情也和别人不一样。当小东西来拜访他时，"不一样"首先把它轰走了，正如他也被别人赶走一样……

《真正的男子汉》（*Echte Kerle*）

玛努拉·奥尔特（Manuela Olten）著

巴亚佐出版社（Bajazzo Verlag）出版

这两个大流氓真的是男子汉吗？真的只有女孩才会生气吗？

《伊莎贝拉公主》（*Prinzessin Isabella*）

柯奈莉亚·冯克（Cornelia Funke）著

厄廷格出版社（Oetinger）出版

三个公主中最年轻的一个不喜欢当公主，于是把王冠扔进了池塘。国王父亲用在厨房和马厩干活惩罚她，但伊莎贝拉认为这很棒！谁可以规定人们应该怎么样呢？

《山羊学游泳》（*Wenn die Ziege schwimmen lernt*）

内勒·莫斯特（Nele Moost）著

帕拉贝尔出版社（Parabel）出版

每个人都必须会做一切事情吗？

人们能学会一切吗？

针对图画书的小贴士

更多与图画书相关的主题和哲学问题可以在我的网站上找到。

图尔高提契诺师范学院的学生在网站上面也介绍了许多图画书，这些书是他们在幼儿园或小学进行哲学教育时所使用的。他们的课程计划以及为每本书准备的助产术问题对父母或祖父母也非常有帮助。

第二部分

关于伦理问题的哲学探究

关于愿望和价值的反思

关于情感的哲学探究

以哲学的方式进行道德教育

关于正义的哲学探究

关于愿望和价值的反思

"为什么我不能要这个?""为什么我不能做……?"

每个父母都听过这样的句子。孩子们表达了那些会被拒绝的愿望,或者他们面临着那些不愿做的要求。那之后的故事是什么呢?

斯蒂芬·布鲁哈特(Stephan Brülhart),好几个小男孩的父亲,在他的图画书《弗里多林王子可以做任何事》(Prinz Fridolin darf alles)里巧妙地告诉了我们:

小狮子王子弗里多林有一千个愿望,他的父亲是被称为弗里多林一世的大国王,他总是满足小王子的所有愿望。他把小王子背在肩膀上去散步,让所有臣民倒立,要不然小王子不肯睡觉。他把覆盆子冰和雪用卡车运到沙漠,以便王子可以驾驶雪橇。然而,当弗里多林王子坚持想让太阳在夜晚闪耀时,精疲力尽的父亲再也想不到办法了,只能请智者前来帮忙。

狡猾的狐狸说,"我知道答案!""那么告诉我吧!"国王要求道。但答案是:"没有。""你想要钱吗?""不。""你是骗子吗?""'没有'就是解决方案!"最终,狐狸必须向生气的父亲解释道。

这个答案的效果是不同寻常的!弗里多林王子用尽各种力量让父亲

改变主意。但是父亲坚持自己的"不",并且用充满爱的语言安慰弗里多林王子说:"即使国王的儿子也不能拥有一切。"然后,小男孩不再哭泣,而是开始思考。(布鲁哈特故事中的孩子经常对此有所反思!)然后,小王子投入父亲的怀抱,并问他:

"当你是一个王子的时候,你想要过什么?"

每个孩子都会有愿望,愿望是基本的价值体验。孩子表达基本需求并希望得到满足。宝宝感到饥饿,渴望得到喂养。他感到孤独,渴望得到关照。他看到一个玩具,想要抓住它。他突然被噪声吓到了,想要得到安抚……孩子总是会首先依赖于那些能够满足他愿望的人。但是,随后他就以惊人的速度明白到,他自身也有能力去获得自己想要的东西。父母们并不总能如此快速地习得如何最好地处理孩子们的愿望。有些人就像国王弗里多林一世,他首先需要小狐狸来使自己意识到,满足孩子的所有愿望并不是在真正帮助孩子。但是,什么时候拒绝孩子的要求是重要的?什么时候无条件地给予关注和支持?没有简单的决定!

和弗里多林进行哲学探究

任何人都可以找到弗里多林王子的书(它已经出版快 20 年了,但仍然陈列在很多图书馆!),通过助产术问题,人们甚至可以和 3 岁的孩子(也可以和如同弗里多林国王的大人)进行讨论,并获得他们更多的理解:

- 为什么人不能拥有一切?
- 哪些愿望是可以实现的?
- 哪些不是,为什么不呢?
- 一个人必须拥有一切吗?
- 哪些不一定,哪些有可能,哪些绝不可能?为什么呢?

对于小学生来说，我们不需要用这个故事来开启关于价值这个基本问题的哲学对话。有时候，逛街买东西就会遇到这样的问题。但要小心，亲爱的父母们！你必须坚定立场，并且有充分的理由告诉孩子，他们的新衣服比隔壁商店橱窗里的游戏机更重要。这是与孩子们一起进行哲学探究的一部分：我们不能试图依赖于"聪明"的答案或更强势的论据来立马说服孩子们。哪些东西实际上更重要，对谁来说是重要的以及为什么。在我们所处的消费世界中，这些问题每个人都有，每个人都会提出这样的问题。当然，这种重要的讨论并不需要或者能够在商店橱窗前进行。但是，不要只是否认正在哭闹的孩子的愿望，好像它是微不足道的！相反，像弗里多林国王一样亲切地肯定他的愿望，这时你可以说："是的，我知道这个游戏机对你来说超级棒！我们晚上回家讨论一下吧！"然后，在这种表面功夫的背后，我们需要时间以及冷静，最好能够叫来"所有的智者"，也就是召集家庭的所有成员来交流我们的愿望和价值，正如弗里多林王子和他的父亲。愿望可以永远存在，无论人们是否能够实现或者完全不应当实现，人们对此必须更深入地思考。为了加深理解，我们可以再来看一个涉及愿望的童话故事，例如渔夫和他的妻子的故事或类似的故事。与儿童一起思考愿望和价值尽管需要时间，但这也可以减轻父母的负担，正如我们已经在第一部分中看到的那样。我们要对孩子的思维能力充满信心，这是让他们承担自己行为责任的前提条件。为了能够较好地处理这一问题，青少年在使用思维工具时需要成人来引导。让我们一起来探究关于愿望的问题吧！

在学校课堂上，教师（比如，结合弗里多林的故事）可以借助助产术问题进行哲学讨论。也可以参考使用思维工具，以便能够更好地理解。

基本问题：

1. **到底什么是愿望？**

2. **如果愿望不能实现，它们为什么还要存在？**

我们从**相关的经验**开始：

- 弗里多林王子已经有了非常不寻常的愿望。你们自己是不是也有一些愿望？这些愿望是关于什么的？
- 如果你可以在圣诞节或生日的时候得到一些东西，你会在愿望清单中写什么呢？
- 你们的父母对你们有什么期待吗？
- 你们对你们的老师有什么期待吗？或者其他孩子呢？
- 你们希望从美好的友谊中获得什么呢？
- 你们中有谁长期地将一个愿望放在心里吗？

然后，我们进入**概念澄清**（工具 W——你是什么意思？）：

- 一个愿望具体由什么构成？
- 愿望有哪些类型？
- 在喜欢、想要、愿望或者需要之间，存在怎样的区别？
- 如何将愿望与命令或建议做出区分？
- 希望与梦想之间有哪些相同的地方？
- 愿望的反面是什么？也许是现实？
- 什么是好/坏的愿望？哪些东西对你们是好/坏的？（B——举例子）
- 哪些愿望容易实现，哪些难以或不可能实现？（B 和 GB——反例）
- 为什么？（G——论证）

对于第二个基本问题，我们要收集有好理由支撑的观点。现在，让我们来对愿望及其实现的价值和意义做出判断：

- 你们觉得弗里多林王子的反应如何？为什么呢？
- 如果你们的愿望不能达成，你们会怎么样？可能会做些什么？
- 你们对此有什么经验吗？
- 弗里多林国王是否能够实现所有愿望？（S——真的吗？）
- 哪些可以，哪些不能？为什么？（B——举例子和GB——举反例，加上G——论证）
- 谁或许能够实现你们的愿望？（B 和 GB）
- 是怎么实现的呢？（G）
- 每一个愿望都应该得以实现，这是真的吗？（S）
- 为什么可能不是呢？（G）
- 什么时候值得我们去提出自己的愿望？为什么？（B/G）
- 对此，有什么好的/不太好的地方？（B/GB）
- 一个人可以总是有愿望吗？为什么（不）？

人们可以推测一下，即用想象和逻辑做出猜测，同时考虑假设及其后果（A 和 F）：

- 如果愿望被禁止了，会怎么样？
- 如果所有愿望都得到满足，会怎么样？
- 如果人们或许可以实现愿望，那怎样才能自己去实现呢？

这些问题的目标是通过分析更好地理解一个概念："愿望"确切的意思是什么？**答案是描述性的**，它解释和阐述"愿望"是怎样的，很有可能作为假设而出现。人们试图弄清楚这个概念可以包含什么。为此，哲学家就像科学家一样引入了知性和逻辑。他们使用理性的、分析的、批判的（即差异化）思维，有时也使用创造性（充满想象力）思维。

即使我们做出**评判性的陈述**，无论它是关于愿望还是异类，关于嘲笑或任何其他人类的行为，我们都需要进行不同的思考和良好的论证。但这里还有另外一个方面需要发挥作用，它与感受、情感、情绪、冲动有关。虽然，对于"愿望究竟指什么"或者"愿望有哪些类型"的问题，我们可以客观地进行统一，但是在愿望或愿望的价值上的陈述却要相对主观得多。不过，通过共同的反思，我们希望能够在个人价值观上变得意见一致，或者至少推进我们对这些差异的理解。

为什么要反思价值？

为了更好地相互理解，对价值问题进行哲学思考具有重要意义。关于这个问题，澳大利亚哲学家菲利普·卡姆（Philip Cam）对此深信不疑。在他的文章《"事实"和"价值"——儿童哲学文本中的"是"与"应该"》（*"Fakt" und "Wert"—"Sein" und "Sollen" im Kontext des Philosophierens mit Kindern*）［参见：伊娃·马莎尔（Eva Marsal）等，《小学阶段的伦理反思能力》（*Ethische Reflexionskompetenz im Grundschulalter*），法兰克福（美茵河畔），2007］中，卡姆写道："……反省自己，（使）我们人类拥有了更广泛的道德基础。"（第108页）在伟大的美国教育家和实用主义哲学家以及被许多人认为是儿童哲学先驱人物的约翰·杜威的影响下，卡姆相信，"自我塑造"是在哲学反思中逐渐产生的。

> 这种思考不是为了满足我们的原初欲望，而是为了考虑我们自己想要成为哪种人，人是在自我反思的基础上才拥有欲望、习惯、态度的。自我塑造关乎本质性的道德思考。
>
> （第103页）

对此，卡姆描述了以下步骤：

- 第一，儿童需要日常的"初级经验"，例如"对事实及关于它的自发行为、习惯、欲望、态度、价值的推测"。
- 第二，他们应该能够通过提问，比较不同的观点，考虑替代方案，调查争议之处，考虑后果，并通过权衡利弊来反思他们的观点。

- 第三，他们反思和评估他们的假设、习惯、欲望和态度，从而发展成他们想要的个性。
- 第四，因为这种反思过程是在群体中发生的，所以它是主体间性的，即每个人都受到他人思想的帮助。
- "第五，因为个人的假设、态度和价值观不仅受到他们自己的审查，而且还受到同伴的公开反思，这一过程促进了社会化的自我塑造。"

（第108页）

这意味着，在探究团体中，价值并不被视为既定的、不可怀疑的确定性，而是作为人们应该对其进行思考的原则，作为人们应该考察的方法，作为人们应该探索的道路，作为人们将要进行选择的方向。在这之中，我们学习如何找到自己的生活之路。

（第110页）

对应该决定我们生活的原则、方法、道路进行思考，这就是伦理学：我们的决策与行为应当或想要参考什么样的价值标准？什么是好的，什么是恶的？谁能够决定这些？我们应该或必须做什么？我们应该怎样生活？

哲学人类学家的大问题是：人在本质上是什么？而伦理学家关注的问题焦点则是：我们什么时候是好人？什么可以被称作"善"？

被打上宗教烙印的道德可能会根据上帝和神圣的文本来回答这些问题，但哲学家在谈论意义和价值、道德观念及其有效性、起源和变化时，在尝试思考和论证我们真正需要以及应当遵守的法则的过程中，他们依靠的是理性与逻辑。然而，仅仅拥有批判性思维和创造性思维的工具是否已经足够了？我的观点是，在与儿童进行哲学探究时，关怀性思维是一种宝贵的且不可或缺的补充。

"关怀性思维"和"探究团体"

在批判性思维和创造性思维之外，一些儿童哲学家还提出了第三个组成部分：它在英语中被称为"关怀性思维"（Caring Thinking），翻译成德语是"致力于关心的思维"（fürsorglich teilnehmendes Denken），尽管这样有些绕口。作为美国儿童哲学先驱人物之一的**安·玛格丽特·夏普**（Ann Margaret Sharp）在她的文章《基于情感的课堂：作为探究团体的教室》（*Unterrichtsgegenstand Gefühle: das Klassenzimmer als Community of Inquiry*）中详细描述了这种思维方式［参见伊娃·马莎尔等，《小学阶段的伦理反思能力》，法兰克福（美茵河畔），2007］。我将在下面提到她的想法。

"探究团体"（"探究共同体"）这个术语来自美国儿童哲学——"P4C"（Philosophy for Children 的简称）研究，它的意思是一个由教师充当谈话促进者（facilitator）来建构和引领班级中的儿童进行哲学探究的团体。这样的一个团体也可以由一个家庭组成，其中所有人都拥有同等的权利来进行具有哲学特征的对话。前面提到的菲利普·卡姆和来自夏威夷的托马斯·杰克逊都应用和发展了马修·李普曼（Matthew Lipman）和安·玛格丽特·夏普在 20 世纪 70 年代初开创的儿童哲学原则。李普曼的儿童哲学最初专注于逻辑思维。思维技能的训练应该从幼儿园开始，到了高中就能得以完善。李普曼希望未来的大学生能够比李普曼教授当时在哥伦比亚大学教书时的学生有更好的论证能力。李普曼为学生设计的哲学教材受到了后世极大的关注，并且在今天仍有很多国家在运用李普曼的哲学教材，例如澳大利亚的菲利普·卡姆及其同事。在夏威夷，最初使用的也是这些教材，但托马斯·杰克逊很快将这些材料与**关怀性思维**联系起来，进而在原有基础上做出了一些改变：人类的情感需要得到关照（放入到一个"安全地带"），李普曼在认知方法上的心理学和教育学观点需要情感的维度。正如我们叫夏威夷的儿童哲学为"小哲学"（小 p），就反映了这一点。但是，情感和关怀性思维与对价值和道德的讨论有什么关系呢？到底什么叫**"致力于关心的思维"**呢？

教育学教授安·玛格丽特·夏普通过赫伯特·库珀斯（Herbert Küpers）的翻译告诉我们：

> 关怀性思维依赖于沟通、解释、同情、共情、理解和对话。它聚焦于团体性的对话问题，代表了情感层面的教育，是集体智力的必要组成部分。这种思维旨在提高对他人的认识、沟通、理解和探究问题的能力。
>
> （第 205 页）

总体说来，在对于重要事物的"关怀性思维"中，情感性和认知性思维应该融合在一起，夏普对此阐述道：

> 关怀性思维帮助学生建立起一个牢固的价值体系，它基于共情的理性判断。这种表达方式同批判性思维和创造性思维的判断和表现是一样的。
>
> （第 206 页）

基于李普曼《教育中的思维》（*Thinking in Education*，New York，2002）一书，夏普描述了下面四种思维方式。

赞赏性思维有两种表现形式：

我们不仅能够在具体的事物中感受和享受美，例如对自然现象或艺术品感到喜悦，同时也能在不显眼的小东西上发现价值，就像在儿童那里发生的一样，他们欣赏羽毛、鹅卵石或矿物只是因为它们的颜色、形状或种类让他们喜欢。

赞赏性思维也表现在，当我们对一些抽象的东西比如态度、行为方式和个人特征有所感知和赞赏时，当我们对自己的价值有所意识并理解了什么对我们来说是意义重大的时。这也适用于我们对其他社会及其文化的关注。一个善于使用赞赏性思维的人有强烈的感情和敏锐的感觉；他深知自己的价值和尺度，并愿意为此进行论证和解释。

情感性思维的表现有：例如，儿童在情感和认知上对不公正现象的剧烈反应。比方说，他们对无辜的第三者（如动物）所遭受的不公正感到同情和强烈的愤慨。对此，他们果断地介入到事情之中，但并不是使用暴力的手段。"尤其是在面对同龄人遭受的不公正时，儿童会非常严肃地对待，甚至他们看上去似乎比受害者承受得更多。体会到这些情感并以非暴力的方式对待它们

就构成了情感性思维。"（第 209 页）

为了促进这些思维能力的发展，夏普（以及李普曼）建议，学校应该让共同决定和共同参与变得可能，我认为这同样适用于父母。儿童应该对与他们相关的所有事情发表意见，因为顺便说一句，联合国儿童基金会的《儿童权利法案》也规定了这一点。"重要的是，儿童要学会讨论问题的各个方面，同时考虑到小组中存在的多种观点，对此要关注到个体是如何被他人的语言和行为所影响的。"（第 208 页）这样，孩子们就能够发展出稳定的道德判断力。

积极性思维的人会热情地投入到任务中并完全专注于任务。这些人专注于寻找问题的解决方案，而不是被无助所战胜。他们对他者有较强的意识，且富有同情心，并表现出通过行动改善局面的意愿。

规范性思维将"实然状态"与"应然状态"相比较，以便积极地对现状进行改善。

环境保护、动物福利和人权等全球性问题要求我们抛弃利己主义。正如夏普所说的那样，为了参与到解决社会性和全球化的问题中，"去中心化"始终是必要的。在很大程度上，这样的要求对于儿童来说虽然有些高，但至少这是他们认识自身价值的机会，在团体中让他们对此进行深入思考，例如让他们思考自己想在哪种社会或世界生存。

关怀性思维的这四个方面也适用于对孩子的照料。在理想状态下，这样的思考可以在学校或私人的"探究团体"中进行，从中加强我们对关系的认识，不仅是人与人之间的关系，也有人与自然、人与物之间的关系，甚至是与抽象事物，如态度、感情和想法之间的关系。我们应该让孩子们发现我们是如何与万事万物建立起关系的。

关怀性思维意味着培养深层次的情感、同情心、正义感,并教学生如何能够通过策略以建设性和非暴力的方式,例如诉诸对话来做出反应。

(第211页)

我们如何在学校教室中或者其他团体中建立、练习或培养这种致力于关心的思维呢?下面将给出一些提示。请在下面的练习中找出关怀性思维包含的四个方面。

关于收藏的哲学探究

在家庭或幼儿园,甚至在小学和中学,我们都在思考关于收藏的问题。每个人都以不同的方式在收藏东西:他们将贝壳或其他节日纪念品带回家,在窗台上添置仙人掌,在书架上放置猫头鹰雕像(像我在"考茨林"就收藏了很多),或者其他动物形象的装饰品,各种音乐 DVD 或唱片……即便是邮票,也会让一些人产生极大的兴趣。有一些人收集菜谱、书籍或经历,他们会把这些记录到日记本或相册中,有些人也会记住一些能让自己在社交场合出风头的玩笑。

珍宝博物馆

"珍宝博物馆"可以长期作为教室对话中的准备工作:每个孩子可以把他认为非常重要的东西展示出来。在一个早晨,每次由一个孩子介绍他的东西,这里可能会有一个他经历过的故事,孩子会告诉我们他为什么如此喜欢这样的东西。

我们现在也对**"关于收藏的哲学探究"**进行收集,尽可能多地收集一些大家的收藏故事。然后,我们互相提出助产术问题,并对此进行讨论:

- 尽管收藏对于我们的生存并不是必需的(至少从我们的维度来说),但为什么我们人类要这样做?
- 为什么我们会收集一些具体或抽象的东西?这中间哪些东西让我们喜欢?它们对我们意味着什么?
- 当一样新的东西到来时,我们要注意什么?为什么呢?
- 有没有最喜欢的一样东西?你为什么如此喜欢它?

- 哪些东西我们愿意贡献出来？为什么呢？
- 别人的哪些收藏爱好也可能感染你？为什么呢？
- 你如何猜测：谁会喜欢你的收藏？你为什么这么说？
- 大多数人都会收藏东西吗？
- 是否有人不收藏任何东西？甚至连记忆都不？

情感晴雨表和每周反馈

作为一个周末的仪式，发言球转一圈，谁拿到了球，就把一周中最有价值的体验写下来：

- 这周我最喜欢的是……，因为……
- 或者：我发现最难的是……，让我生气/高兴/迷茫的是……，因为……
- 或者：我今天在……事情上面特别高兴，因为……

或者，当孩子们在周一传递发言球的时候，每个孩子寻找一种颜色，并告诉其他人："今天我的感受就像这个玫红色，因为今天是我的生日，我期待着今天中午过生日"。这不仅实现了对于不同感知的批判性分辨与思考，也让创造性思维和推理得到了练习。

许多教师会在墙上挂一块带有不同心情符号的手表或卡片条，借此每个孩子都可以表示他们的心理状况，不管用一个晒衣夹把自己的名字夹在上面，还是根据自己的心情拨动手表的指针。为了加强自我感知，我们让孩子为自己的展示进行论证。为了练习移情，同时加深团体之间的感情，我们问其他人：谁可以告诉孩子 A，你从他的情感中领会到了什么？然后，孩子 A 将球扔向能给予他情感反应的人。

对某些人来说，关怀性思维所描述的各种形式听起来不像**心理学**，可能更像是过于温情的"**温室教育**"（Kuschel-Pädagogik）？关怀性的情感与哲学的理性思考有什么关系？这个问题并不新鲜，事实上，越来越多的儿童哲学家正在考虑他们的方法是否应该被称作"哲学的教育学"。我也倾向于这个术语，因为我并不像一些象牙塔的哲学家那样关注纯粹理性的哲学探究。相反，我关心作为"致力于关心"的儿童和青少年在生活世界中所得到的陪伴。在这个世界里，他们会遇到各种各样美好的事物，但也有困难甚至是令人害怕的事情。为了战胜那些不确定的事情，他们一定想要寻求理解，通过情感的方式整合经验，但愿他们能够对不确定性有所享受。

让我们借助思想者的工具箱教会孩子探索和更好地理解事物，为他们提供在更安全的环境中对个人的价值和情感进行差异化（自我）感知和彻底反思的机会！

让我们向他们展示如何形成有根据的意见而不是偏见，以及如何在哲学上统一我们可以分享的价值观！

我称这样的教育为哲学的教育学。它的目标是发展孩子们的整体性思维，从而成为一个有感情的、愿意以非暴力和理性的方式在生活和交往中寻求自己位置、过有意义的生活之人。

关于友谊和幸福的图画书

《朋友》（*Freunde*）

赫姆·海恩（Helme Heine）著

米德尔豪弗出版社（Middelhauve）出版

经典主题！真正的朋友必须一起做所有事情吗？

适合幼儿园以上的孩子

《世界上究竟有没有胡萝卜味的苍蝇？》（*Gibt es eigentlich Brummer, die nach Möhren schmecken?*）

马提亚斯·索德克（Matthias Sodtke）著

拉潘出版社（Lappan）出版

如果兔子蹦蹦和青蛙跳跳吃不同样的食物，他们之间能够建立起真正的友谊吗？好朋友们应该为彼此做什么呢？

适合小学生自己阅读

《别取笑我的朋友！》（*Ausgelacht!*）

马提亚斯·索德克（Matthias Sodtke）著

拉潘出版社（Lappan）出版

小猪苏奇想要在兔子跳跳和青蛙蹦蹦之间挑拨离间，但这样的话，当然不可能交到朋友！索德克在继《世界上究竟有没有胡萝卜味的苍蝇？》一书后的第二部热销作品！

《大熊和小蜜蜂》（*Bär und Biene*）

斯迪金·莫卡尔斯（Stijn Moekaars）著

索尔兰德尔出版社（Sauerländer）出版

关于大熊与小蜜蜂之间的暖心故事，简单的插图传递爱与友谊。

适合9岁以上的孩子

《贾斯珀先生 / 库莱夫人找幸福》(*Herr Jasper/Frau Kühnlein sucht das Glück*)

卡特娅·莱德（Katja Reider）/ 尤塔·别克（Jutta Bücker）著

无忧宫出版社（Sanssouci）出版

这本从两头看到中间的图画书非常棒：人们可以在哪里或如何找到幸福？即使对成年人也会有启发！

关于情感的哲学探究

心理学还是哲学？

一旦我们把情感作为反思的主题，关于哲学与心理学之间的差异问题就会产生。在情感问题上，你们的兴趣点在哪里？

如果我们用恐惧和勇气的话题与儿童或青少年进行哲学探究，我们的意图并不在于理解**单个人**的情感或者他的个人问题，如同执业的心理医生那样，而在于更确切地考察和认识我们所有人在不同情境下的情感现象。目标不是治疗性质的，虽然哲学探究可以产生治疗的效果，因为孩子在探究之后知道了用更好的策略来应对他们的焦虑或愤怒。然而，当一位参与者被剧烈的情感所包围时，立即进入哲学对话是没有意义的，因为即使是关怀性思维也需要一个能够聚焦于普遍原则的清醒头脑：什么是恐惧？到底为什么会有恐惧？人们如何摆脱它们？人们必须摆脱它们吗？恐惧总是坏的吗？人们必须为此感到羞耻吗？在哲学探究中，我们感兴趣的是**普遍的人类问题**以及这样的事实，即我们都认识情感现象，并且必须以某种方式处理它们。所有自然科学或科学的心理学感兴趣的地方在于，事物是怎样以及如何运行的。与之相反，哲学想要额外探究的是事实的意义以及它们对我们人类意味着什么。伦理学围绕价值、情感以及道德问题对此进行探索。

不过，在与儿童和青少年进行哲学探究的工作上，这些区别对我来说似乎并不那么重要。在我看来，更重要的是我们需要时不时地花时间来反思我们自己的生活和共同的生活,以使我们意识到哪些东西会影响我们,或者哪些事实有时候我们可能会接受。

进入关于情感的对话

"你好吗?""谢谢,我很好。你呢?"我们经常在问候中说或听到这样的对话。但即使这些对话确定了某人过得"好":我们到底要如何理解它背后的意思呢?作为一个提问者,如果我们"出于关心"而想知道另一个人的感受如何,那么差异化的感知和表达方式就是必要的。

当我们出生时,我们就拥有了提问的意愿,这些问题可以通过好奇心、惊异、怀疑以及通过语言习得进一步发展为批判性思维和理性的哲学探究。同时,我们从出生的那刻起也拥有了各种情感,这些情感在快乐的挣扎或哭泣中表达出来,在舒适或不愉快中呈现出来。起初,有一些肯定或否定的基本感觉:"是的,我很好""不,我不想要",令人愉快的激动或恐惧的矜持,惬意的满足感或愤怒的抗议。每个孩子很快就从经验中认识到了四种基本的情感:恐惧、愤怒、喜悦和悲伤,但他还不会在不同的场景变化中用具体的名称来称呼和传达这些情感。一个孩子哭着跑到幼儿园老师那里,很有可能是因为他的疼痛难以忍受。但也有可能是他被吓到了,或者他的眼泪表明了他的愤怒,因为另一个孩子从他那里抢走了一些东西。"你为什么哭?"的问题在某些情况下对孩子是不合适的,有时甚至会让孩子哭得更厉害。一旦幼儿园老师叫出名称来,孩子相对应的情感就会更清晰,即便老师有可能会混淆他们的情感。"哦,你被吓到了吗?"然后,孩子会哽咽着说"是——"或愤怒地回应"不!",这使孩子更清楚自己的感受,并理解自己为什么在哭。

为了能够谈论感受,我们首先必须能够清楚地感知它们。这里,哲学工具中的"区分"对我们是有帮助的：我现在的感受到底是什么？在我身体的哪个部位，我感受到什么样的东西？它的特征是什么？它是热的还是冷的？它在颤抖吗？它软弱无力吗？通常，绘制一张图片或将感受在比较中描述出来是有帮助的："我内心就像火一样在燃烧！""我的心怦怦跳。""我觉得自己像一头咆哮的狮子。"或者孩子们用声音或动作表现出他们现在的感受，而老师或家里的父母和其他亲戚试图对孩子的情感尽可能在语言上给出一个"标签"。对此，我们可以问："开心"或"得意扬扬"是否更符合你的感受？我如何察觉到这种感受？当你高兴的时候，你会跳起来吗？当你得意扬扬的时候呢？用更多不同的语言来描述自我感知，相对应的词汇量就会越来越大。

阿里奇的图画书给了我们许多启发。例如，一个孩子做一些面部表情，让其他人来猜测他的情绪。或者：一个孩子装成故事中的一个人物，其他孩子站在他后面，每个孩子会依次对在故事情境中的孩子说一句话，看谁说的话最符合他所要表达的感受。

《情绪如同颜色》（*Gefühle sind wie Farben*）

阿里奇（Aliki）著

贝尔茨 & 盖尔伯格出版社（Beltz & Gelberg）出版

给初具情感经验的**小学生的游戏**是这样的：

收集尽可能多的关于情感的词汇写在小便签纸上，每个便签纸上只写一个单词。之后，孩子们将他们的便签纸放在先前布置好的一些彩纸上：你在哪里放置了"快乐"？在哪里放置了"愤怒"？当所有的感觉都被归类到一种颜色时，我们看到结果后会思考：你为什么把"嫉妒"放在黄色的便签纸上？对我来说，嫉妒倒不如说是绿色的，因为……或者：为什么"愤怒"和"爱情"这两种不同的感觉都落在了红色便签纸上呢？是否存在将两者联系起来的东西？

如果我们将情感与价值相连，事情会变得特别有趣：这次只有两个极端，即黑色的和白色的可用，写有情感词汇的便签纸被归入这两个颜色。我们很快就可以清楚地看到，例如，恐惧可能适合两者，因为有时害怕是好事，它可以保护我们。另一方面，感受害怕是非常不愉快的……除了坐魔鬼宫火车时的恐慌，它到底算得上令人愉快的还是不愉快的呢？

发展出描述情感的恰当语词尤为重要，因为与描述具体事物的语词相比，这里被误解的危险更大。当一个孩子告诉我，他在去学校的路上看到一个有趣的房子时，尽管我不知道那个房子是什么样子的，但我一定能想象它有墙壁和屋顶、窗户和门，它可能是有人居住的。也许，后来我发现，孩子说的是蜗牛壳，与我想象的几乎完全不相符。尽管如此，要让孩子对误解做出澄清是非常容易的，因为我毕竟拥有关于蜗牛的经验，而人们也能够在一定程度上客观地描述他们的房子。相比之下，如果要在情感上进行互相理解，问题则要复杂得多，因为我们的感觉都是来自主观的经验，带有强烈的个人色彩，因此更加难以沟通。恐惧不是同样的恐惧。它可能或大或小，可能强烈、可怕、让人慌乱，或者只是一点点的担心而已。愤怒可能会以生气、不高兴、狂怒等形式表现出来。"我很好"可能意味着：我感觉舒服、满足、惬意、幸福、快乐、舒适……即使孩子们通过小练习（如上面所述），逐步挑选与特定情感相对应的名称，我们也不一定就能完全理解他们的表述。对情感的理解包括对愿望的理解以及确切的自我感知，因为移情——对他者情感的设想——总是依赖于我们自身通过内心体验所产生的共鸣。因为情感体验具有这种主观的特征，我的愤怒、喜悦、悲伤……永远不可能百分之百地等同于你的。当我告诉你我的情感时，你永远只能够用你的经验来衡量它。然而，原则上，我们都能体验这种情感。因此，它是值得我们时不时地把某一特定情感定为主题，并且与孩子一起对这一情感的不同现象形式进行分类，针对它的价值进行哲学探究的。例如，针对这样的问题：到底为什么会有害怕？人们必须总是勇敢的吗？

关于恐惧和勇气的哲学探究

正如我们总是将哲学探究与儿童的经验视域相连接。教师不应指望所有孩子都会立即承认自己的恐惧。即使在可信任的"安全地带"中也会出现这样的情况，例如，**一年级的学生**声称他们从不害怕。但如果你和他们一起阅读小熊或者其他动物在黑暗中感到害怕的故事，他们的手就会高高举起，因为很多孩子对此想要表达。通过图画书上的故事牵引出孩子的经验，借助"谁也有过这样的经历？"等问题，课堂上的破冰很快就完成了。

下面这个温暖的晚安故事就适用于对害怕黑暗的探讨：

《小熊，睡不着吗？》(*Kannst du nicht schlafen, kleiner Bär?*)
马丁·韦德尔（Martin Waddell）/芭芭拉·菲斯（Barbara Firth）著
安内特·贝茨出版社（Annette Betz Verlag）出版

在三年级的课堂上，首先，所有孩子都画出一种将他们与恐惧联系起来的情境。之后，每个人都解释了他的绘画，以便我们可以看到恐惧是如何在不同的"色调"中出现以及它是如何被体验到的。然后，我们仔细研究了恐惧这个概念：

恐惧究竟是什么？

- 谁有过恐惧的经历？何时以及为何？
- 恐惧的感觉是怎样的？
- 恐惧是一种什么类型的感觉？
- 是什么引发了恐惧？
- 你那时是如何面对恐惧的？

当该术语被澄清后，下一个步骤是反思恐惧的价值和可能的含义，并构

建合理的意见和判断。为什么这样的恐惧可能是好的？它的价值何在？

恐惧究竟为什么是好的呢？

- 恐惧带给我们什么，我们如何面对恐惧？（请举例）
- 恐惧在我们的生活中起了什么作用？
- 它如何影响我们的行为？
- 它什么时候会阻止我们做"正确"的事情？
- 有没有可能，有时恐惧是我们的好朋友？什么时候呢？
- 或者我们最好应该试图消除它们？为什么（不是）？
- 人们到底应不应该害怕？为什么？
- 我们能够/应该/必须如何面对恐惧？
- 不愉快的感觉本身是否有意义？为什么有可能呢？

恐惧和勇气如何联系在一起，它们并不取决于身材的大小，下面这本从两头看到中间的图画书将有助于孩子们更清楚地理解这些问题：

《胆大包天的睡鼠和胆小如鼠的巨人》（*Mause Märchen*）
安娜格特·富克斯胡贝尔（Annegert Fuchshuber）著
蒂内曼出版社（Thienemann Verlag）出版

"当你前后翻阅完这本书时就会发现，这本书不仅可以从前面看起，也可以从后面看起，因为只有无畏的睡鼠和怯懦的巨人巴尔托罗找到了彼此之后，这个故事才会是完整的。"

下面是一些关于恐惧的助产术问题，它们激发了**五年级孩子**的想象和评价，并给出了相应的**回答**。

如果我们没有恐惧，那会怎么样？

- 那就会不正常。那样的话，无论如何都不会有什么新东西可以体验了，比如失落之类的。
- 一个人没有了恐惧就不再是他自己了，因为每个人都有恐惧。
- 恐惧实际上是一种安全感。如果我没有恐惧，也许我会站到一根细细的树枝上，然后折断它。现在我不这样做，因为我感到害怕。因而，恐惧在某种程度上适合我。
- 但也有愚蠢的恐惧，也就是没必要的恐惧，因为恐惧的原因并不存在。例如，如果你在梦中感到害怕，然而在梦里事情并没有真正发生。
- 我不能放弃任何恐惧，因为，例如，考试前的恐惧让我不断练习和学习，它反倒支撑着我前进。
- 如果我不害怕攀岩，我会爬得更高，那么或许早就发生了什么坏事情。我认为，恐惧是属于我们的。如果它不见了，就是它缺席了，就像没有沙子的沙漠。
- 我也认为，恐惧构成了人。但就像每个人的发色是不一样的，每个人害怕的东西也不一样。

对于这些陈述，让我感到惊讶的是，它们提及了恐惧的保护功能。**有些恐惧也可能是一种特殊的人类现象**，因为只有能思考的存在者才会害怕特定的危险情况。我不会爬得很高，因为我能够想到坠落是怎样的。我不会站到任何细枝上，因为想到断枝的声音，我就会起鸡皮疙瘩。因为我可以想象失去会造成伤痛，所以我提前会感到害怕。虽然孩子可能还没有想这么远，但他们似乎已经觉察到或预感到，只有我们人类会有担心未来的想法，例如对死后可能继续的生命感到担忧。有些动物可能会觉察到即将来临的死亡，但

没有任何迹象表明它们会对作为彼岸世界的地狱或是非存在的"之后"感到害怕。

而且，只有我们人类自己会在对手面前隐藏恐惧：当一只老鼠站在猫的后腿上而没有逃跑时，它看起来很勇敢。然而，它这样的决定并没有经过深思熟虑，只是凭着一种可靠的本能，"出于情感而非理智"地对危险做出反应，而人类却在其中看到了一种勇气或者随之而来的绝望。那么，这只老鼠真的勇敢吗？"真正的勇气"是否需要对不同可能性进行考量的知识呢？老鼠本能地、如反射活动般地做出反应。但从原则上来说，人类却有遏制冲动的能力，我们的反应是基于对行为的考量，而不是一个单纯的反射活动。尽管有些人做出勇敢的行为是不加思考的，但原则上，我们都有进行思考的可能性。有时，更有意义的是，不仅要让"肚子"[1]说话，而且也要通过多维度的思考来达成最佳的决策。只有那些了解危险情况并能评估是否值得克服恐惧而去战斗的人才是真正勇敢的。否则，他表现出来的可能只是蛮干或懦弱。

虽然，我们的**目标**是对情感进行哲学探究以**推进这种普遍性的认识**，但我们总是要以儿童的经验视域作为起点，当我们与一些兴趣不浓的孩子打交道时，再次求助于相关的图画书和故事总是值得的。在叙述或阅读过程中，孩子们将轻松地从故事主角跳跃到他们自己的经历上。例如，一名女教师将**勇敢的主题和胆量测试**用于**三年级的课堂**，因为她意识到孩子们在空闲时间会触碰到这个问题。她决定提及**洛伦茨·保利**（Lorenz Pauli）和**卡特琳·谢雷尔**（Kathrin Schärer）的图画书：《勇敢，勇敢》（*mutig, mutig*）[阿特兰蒂斯出版社（Atlantis Verlag），2007]，这本书奇妙而有趣，并配有自然主义的插图。

---

[1] "肚子"（Bauch）对应于"头脑"（Kopf）。前者指出于情感，后者指出于理智。——译者注

故事是关于四个想通过比赛来证明谁是最勇敢的动物的。当老鼠、蜗牛、青蛙和麻雀各自做出一些不同寻常的事情来展示给他人看时,其他的人用"爪子、触角、脚蹼和翅膀"鼓掌。老鼠在整个池塘里潜水,青蛙觉得这相当令人失望,因为他每天都在这样做。不过,他最终还是为老鼠的勇气鼓了掌。青蛙和蜗牛的胆量测试一开始也不让其他人觉得有说服力。最后,轮到麻雀了,他有些装模作样和扭扭捏捏,直到他最后说:"现在,好吧,我要做的是……我不参与这个比赛了。"其他三个动物惊恐地望着他(画面很精美!!),直到他们明白:"是的,这就是勇气!"

> 作为一个基本问题,这里需要再次重提:
>
> **1. 什么是真正的勇敢?**
>
> (描述性的概念澄清工作)
>
> **2. 勇敢到底有多重要?**
>
> (已论证的判断)

讲述时，教师插入一些与故事相关的问题，同时为孩子们提供机会，来讲述自己关于胆量测试的经验。在麻雀宣布他的决定之前，她让孩子们猜测麻雀将如何完成胆量测试，并且借图画中麻雀同伴们的惊讶表情，让孩子们讨论麻雀究竟是不是勇敢的以及为什么。在最后的图画中，随着麻雀伙伴们的祝贺，教师提出了两个基本问题中的第一个问题，并开始了分析和描述性的概念澄清工作，从而进入了真正的哲学探究。

勇气到底是什么？

在圆圈的中间，可以准备好卡片——工具 W（你说的……是什么意思？）和 B / GB（举例子和举反例）。另外两张卡片 Ä（相似之处是什么？）和 V（有什么不同？），也有助于澄清概念。

在谈话圈将球传递一遍，借此每个孩子都有机会表达他对任意一只动物勇敢行为的看法，或者让儿童讲述：

    对我来说，麻雀是勇敢的，因为他……

    我不觉得蜗牛勇敢，因为……

    我认为马克是勇敢的，当他……

然后，教师提出准备好的问题中的一个。如果谈话不能自主地发展，我们就需要停顿下来进行询问或者要求更准确的陈述。一旦讨论中出现了有关勇气的价值问题，教师就会把工具G（论证！）和S（是真的吗？）放到谈话圈的中间。

之后，他们对第一个助产术问题进行了思考，并以对儿童友好且有吸引力的方式激发9岁儿童进行表达：

- 我们听到了很多关于勇气的例子：在池塘里游泳，吃完整片睡莲，甚至连不参加比赛也被称为勇敢。怎么可能这些不同的行为都可以被叫作勇敢呢？（在此，教师把卡片Ä和V举到空中）
- 对你们来说，还有哪些行为可以被称作勇敢？（总是等待更多的回答）
- 一个勇敢的人会有哪些品质？（深化）
- 当蜗牛提出爬出他的房子并在周围爬行作为胆量测试时，麻雀完全不认为这是勇敢的。你们还知道他说了什么吗？（"从我第一天蜕壳之后，我就再也没有爬到外面去过！"）你们想到了什么？这是不是勇敢的？为什么呢？
- 勇敢取决于什么？还有什么呢？
- 是不是对于所有人来说，游过池塘都是勇敢的？为什么不呢？

（针对是/否的问题，我们只须给出简短的回应，因为后续的问题更值得探讨。但注意：在一个简单的"为什么？"上面，我们不能以"就这样"回答！）

- 谁想到一个（来自我们班级的）例子，某个孩子的所作所为在一个孩子看来是勇敢的，在另一个孩子那里却不被认为是勇敢的？
- 为什么麻雀需要这么多时间来做出决定？
- 你们猜测一下：他经历了怎样的思想过程？还有什么？（如果那些没有经过训练和不愿意思考的孩子用"不知道"回答，有时需要这样的问题来帮助孩子在可能性形式中表达问题："麻雀的脑海里可能经历了什么？"）
- 你们中有谁做过像麻雀一样的事情？请讲！
- 你们对此有什么感受？还有什么？那究竟是怎么回事？
- 你会察觉到什么，当一个人是勇敢的时候？想出一个你自己经历过的例子！
- 勇敢的反面是什么？怯懦？傲慢？沮丧？恐惧？它们彼此之间有什么不同？
- 有可能存在没有恐惧的勇敢吗？你们怎么看？为什么（不）存在？

到目前为止，整个对话围绕着对"勇气"现象越来越多的理解展开：一个行为可以被称为勇敢的，取决于哪些东西？哪些思想和情感属于勇敢的，勇敢的行为在我们之中造成了什么？

勇敢是重要的吗，在什么时候是重要的，勇敢在多大程度上会是好事，以及它如何可能变成傲慢或蛮勇……有了这样的问题，教师将**对话引向第二个基本问题**。现在，孩子们应该对勇敢的价值或意义构建自己的观点。

类似的问题，甚至是相同的图画书！——我在此后不久与两个11岁的男孩发生了思想碰撞。当然，我要告诉你们的是，这个故事实际上针对的是较小的孩子，但如果大孩子们想看一下，我们也可以和他们进行一些哲学思考，并且他们也有兴趣以及觉得上面的图画非常"酷"。

> **以下是 11 岁的孩子对勇敢和恐惧的一些见解:**
>
> 那么,勇敢是什么?你认为不勇敢在什么时候是好的?
>
> - 勇敢是人们冒更大风险时所需要的。
> - 当人们克服了心理障碍,也就克服了恐惧。比如说"不",这也是勇敢。
> - 当班上的每个人都在抽烟,每个人都说"来吧,加入我们吧"时,如果你说"不",你就成了异类。这需要很大的勇气,因为整个团队都在这样做!
> - 有些人加入是因为同伴压力,因为他没有勇气拒绝。
> - 任何损害健康的事情,人们都应该拒绝。
> - 但是有些人真的想待在那里,想要装酷,然后就加入了每一次胡闹。
> - 伤害你的胆量测试简直是愚蠢的。
>
> 当被问及他们是否不想装酷时,其中一人说:
>
> - 当然,我当然想装酷,但我认为拥有自己的观点会更酷,否则你就不会独立,你就不会有自己的意见了。

更好地理解我们自己、邻人和动物的情感,使我们成为情感上与社会性上成熟的人。通过哲学探究,我们提升了孩子的自我完善能力和同理心,这两者都是社会能力的重要前提条件。

愤怒到底是什么?

有多少人会认为,当他们在愤怒中引发伤害时,他们是无法对此负责的:"当愤怒涌上心头时,当它突然向我袭来时,我是无力抵抗的!"这是真的吗?我们在摆脱愤怒这件事上真的无能为力吗?也许,我们从未意识到,我们至少有机会共同决定,愤怒时可以做什么以及不可以做什么。

在过去的几年里,我遇到过的最好的一本图画书就是**米莱耶·达朗西**(Mireille d'Allancé)的**《小孩与红毛大猩猩的故事》**(*Robbi regt sich auf*)[莫利兹出版社(Moritz Verlag),2000]。

故事讲述了一个小男孩过了糟糕的一天,因此向他的父亲抱怨。为了让男孩冷静下来,父亲把男孩送回了他的房间。然而,在房间里,有一个怪物从男孩的嘴里出来了,不断地上升,一点点地变大,怪物的脸越来越红,最后变成了一个红毛大猩猩。怪物问候了惊愕中的男孩:"我们现在做什么呢?""你想要做的一切都可以。"小男孩罗比说道。但是,当红毛大猩猩把男孩最喜欢的玩具到处乱扔时,罗比就开始管束这个大怪物。

我会给青少年讲这个故事,但当然是要提前说明,我很清楚这本书实际考虑到的年龄对象是几岁。然而,这个话题却可能与我们所有人相关,不知道他们是否会有兴趣再次欣赏这本图画书。

> 对于这个大怪物的基本问题可以是——例如:
> 愤怒时可以做什么,不可以做什么?
> 人们如何控制愤怒?

下面这张图片(包括文字)有助于我们进入对话:愤怒时可以做一切想要做的事情吗?

«Hallo», sagt das Ding, «was machen wir jetzt?»
«A ... a ... alles was du willst», sagt Robbi.

我们再次使用**助产术的艺术**。通过有针对性的问题,我们将重点放在以下方面:

- 什么事情能让所有人都生气?(找寻原因)

- 愤怒、恼怒和生气有什么区别吗?(区别)

- 这三者有什么相似之处?(概念澄清)

- 这种怒气要何去何从?人们怎么能摆脱愤怒?(考虑行动的不同方案)

最后,我们提出价值评价方面的问题:

- 人们应不应该发怒?为什么最好不要发怒呢?

- 谁应该对发怒的人负责?这是真的吗?

- 什么时候值得发怒,什么时候不值得发怒?为什么呢?

- 愤怒可能有什么好处?为什么呢?

- 人们怎么能尽情地发怒,而不必在事后感到后悔?

更多关于**和 8 岁孩子讨论愤怒的教学过程**以及孩子的完整回答,可以在我的书《哲学之旅》(*Philosophische Reise*)〔布鲁尤文图特出版社(Verlag Pro Juventute),2006〕中找到:

第二部分　关于伦理问题的哲学探究 | 113

关于思考与情感之间联系的哲学探究长期在"大P哲学"中被忽视。自**丹尼尔·戈尔曼**（Daniel Goleman）的书**《EQ——情商》**（*EQ – Emotionale Intelligenz*）［汉舍尔出版社（Hanser Verlag），1995］发表以来，这本基于脑科学的书使得思考与情感的关系在大众中有了广泛的普及，情感是反思中的一个重要主题，不仅仅体现在与孩子一起进行的哲学探究上。基于心理学和教育学的研究，戈尔曼研发了一个项目，来促进人们与愤怒和过激行为打交道的能力。此外，这个项目还被应用到美国城市的校园暴力问题的解决中。人们希望日常相关的行为有所改变。通过关于愤怒主题的陪伴式对话，人们试图发现以及减少青少年的问题和危机。

今天，人们在脑科学上有了更广泛的研究，这有助于我们更好地理解，我们的意志和决策自由如何能够与愤怒建立联系。

在二年级的课堂上,学生试图对这些问题做出"澄清":

- 你不能总是用责怪的语气和别人说,"你让我生气了"。你不必为所有事情而生气!
- 并不是每个在比赛中失利的人都会生气。显然,无论你是否属于生气的人,生气都与自己有关。
- 人们也可以独自生气,例如,如果你没能按照自己的意愿完成任务。
- "当我生气的时候,我觉得我的身体非常强壮,其他时候,我几乎感觉不到这种力量。"一个女孩说道。
- "如果你被愤怒冲昏了头脑,你可以去咬毛绒动物。"一个曾经因为愤怒而踢了他的小狗的男孩说道。

以哲学的方式进行道德教育

我们应该怎样生活？谁规定了什么是善？

我是谁？我是怎样的？我的感受是什么？我想要什么？我能做什么？我应该如何在学校中与他人融洽相处？我该怎么做？谁能告诉我接下来怎么做？有太多学龄儿童必须关心的问题，因为他们现在将要生活于一个更大的社会团体中。他们将经历到，适用于家庭的规则并不一定放之四海而皆准。他们将被人评价，在不幸的情况下，他们往往还会被其他孩子甚至老师贬低。他们会遇到来自其他国家和其他习俗的人，他们可能会说不同的语言，或者以不熟悉的语调进行交际。通常，他们也必须学会与那些"被允许做任何事情"的朋友相处，而这些事情可能在他们自己的家庭中是不被允许的。因此，父母和老师越来越需要同孩子们一起思考日常交往的规范和问题。

过去，人们认为，成年人必须为儿童规定和平共处所必需的所有规则、禁令以及诫命，然后他们才会遵守这些规则。人们教授孩子们"习俗"、伦理、礼仪，哪些是属于我们的习俗，最主要的是，哪些是不属于我们的习俗。他们以惩罚来威胁孩子，并经常求助于惩罚的威慑作用，那么，今天呢？体罚虽然已经得以禁止，但儿童似乎很少或根本没有对习俗有所理解和考虑。人们越来越多地听到青少年的暴力行为，并将其归咎于界限的消失、无聊、人生方向的迷失和情感的无意义。在这期间，教育改革一直在为此努力，即试图将儿童视为独立的理性人而认真对待他们。

此外，通过启蒙的方法，教育改革还表现为，学校课程计划中不仅应当包括一般的培养孩子与物打交道的能力，还应该包括孩子与自我和社会打交道的能力。然而，并非所有对教育改革的关切都在其原初意义上被理解和实施。例如，在英国，由亚历山大·S.尼尔（Alexander S. Neill）发起的具有"反独裁主义"的夏山学校（Summerhill School）计划就容易被与倡导自由放任的反教育相混淆。尽管孩子们在教授本人独立而又鲜明的人格魅力中体验到了自然的权威，即他们开始更有自信并学会自我负责，但也有许多父母放弃了孩子原本要走的路线。后来，家长们迅速呼吁的仅仅是新的边界：谁应该对设置这个边界负责？

在小学里，人们经常听到这样的抱怨，即今天的孩子很难在家里学习任何行为规则；相反，许多家庭认为，学校应该对此负责。当然，目前来看，双方都是对的，父母和学校应该为此共同负责，来让孩子们在日益复杂的社会中找到幸福生活的道路。

但是，不仅仅是成年人，而且相关的儿童也应当自己来练习共同对话，并参与塑造社区生活及其规则。这只会在如下的情况下才能进行：只有打破儿童与成人之间的权力界限，才能实现哲学家和社会学家**哈贝马斯**（生于1929年）所多次写道的"**无统治的对话**"。其基本条件是所有人都愿意重视论证，并合作完成更好的论证，以便达成所有参与者都同意的共识。

现在，学校或家庭的日常生活中有许多可以进行哲学探究的机会：我们应该始终把握或创造机会，来与孩子一起思考价值观念和道德。对此，我们要认真对待他们的意见，但也要关心他们的这些意见是否经过了论证。我们和孩子们一起批判性地反问自己以及思考，我们是否真的完整考虑了所有重要的因素。我们围绕一个主题思考，检测不合逻辑的东西并将它们整理出来。我们寻求共识，但避免懒惰的妥协以及道德相对主义（"一切都行"或"这恰好适合我")。所有这些都是价值教育和学校教育的一部分，让孩子信任自己的那些经过论证、站得住脚的观点，并保持开放的心态来接受更有力的论点。虽然，共同生活在一起几乎不可能没有冲突，当然我们成年人之间有时候也必须普遍接受争议。但它是凭借我们的自然权利而不是通过暴力来实现的。理想状况下，孩子们也承认他们的老师和父母有时拥有更好的理由或在知识上无可否认的优势。然而，这并不会让孩子们害怕与影响他们的成人进行智性上的较量。我们不要忘记，理想状态所展现的（长远）目标，即我们想要陪伴青年后备队。这条道路上会有障碍，所以我们需要坚持、关照和耐心。一对一的道德布道应该由合作讨论所取代，甚至面对潜在的错误行为上存在的逻辑后果，我们要能够与孩子进行适当的对话。当然，正如现代教育家们所认可的，青少年伦理教育工作者已经采取了许多卓有成效的措施。即使找到了"合理"的惩罚，也需要一些练习！

"为什么我必须总是做……？""为什么人们不应该……？"

每天都有无数个或大或小、或可或否的决定需要完成："是的，我会去做。""不，我不想要那个！""是的，我很乐意！""不，谢谢！"很多时候，我们甚至都不知道我们已经做出了选择，因为很多事情是在不知不觉中进行的：当闹钟响了，我起床；当电话铃声响了，我去接电话……我很少会提前思考：我应该还是不应该这么做？但是，当涉及更重要的决定时呢？我（作为孩子）应该做作业还是把它放在一边？我应该抄袭别人的作业吗？今天我可以假装肚子疼而逃学吗？我应该帮我的朋友保守秘密还是应该出卖他？我应该冒着危险去"借"我哥哥的轻型摩托车吗？我之后会成为怎样的人？我应该怎样过自己的生活？

无论在有意识还是无意识的状态下做出决定，情感与价值始终在其中起作用。亚里士多德相信，一切都在追求善。但什么是善呢？谁来决定它？人们如何发现善？有时候，善只是一个品味的问题，对此大家都知道，人们不会因为品味问题而争吵。无论我喜欢红色还是蓝色，我都不必长久思考。但是，当谈到购买服装时，仅仅是品味已经不够了。如果这件衣服具有"好"的质量，那么购买对我来说就是有意义的，但有时对我来说，更重要的是物美价廉。无论如何，除了品味之外，还有一些客观的、实践的标准：如果我的钱不多，物美价廉的衣服会是很好的选择，除非它质量太差，以至我很快就需要买新的。因此，更多竞争性的价值会对决策产生影响。但如果我想在购买衣服时考虑商业伦理，那么对经济价值、实用价值以及品味价值都会有道德上的考量。我们能做出一个决定就是一个奇迹。"对我来说可行"不足以成为影响决策的标准，我们的决定与动物、周围的人以及同代人息息相关。那么，我们就需要彻底地反思，衡量利弊，意识到事情内含的价值。

孩子最迟大约要到 10 岁才能也应该和我们一起思考这些问题。我们会这样帮助他们，即通过要求他们对个人的经验和案例进行思考：当我们要做出决定时，有什么是所有人都会遇到的？在这里，知性（"头脑"）起了主导作用，但若没有"心的理智"（出自布莱士·帕斯卡，17 世纪数学家和哲学家），知性恐怕很难独立完成工作。当然，很少有人谈论情感对人们做出重要决定时的作用，尽管舍勒，20 世纪著名的人类学家和哲学家对此有所评说，我们有一些价值感官（Wert-Fühl-Organ）：正如我们用眼睛可以看、用鼻子可以闻，用这样的感官，我们也可以感受价值。此外，这样的感官也会告诉我们哪些价值排序在更前面，哪些则相对没那么重要。我将试图在下一节来展示，我们要如何在孩子身上加强这一感官而不至使它们一开始就退化。

许多学龄儿童的问题都是针对我们成年人为他们做出的决定的。孩子们对我们的规则提出质疑，因为他们并不喜欢这样的规则："为什么我到家后必须先做作业？我可以等晚上太阳下山了再做！""为什么哥哥可以在电脑前坐的时间比我长？""为什么我必须总是得清理我的桌子？"通常，当双方都想达到自己的目的而出现愤怒时，这样的问题会导致无休止的讨论，甚至走向争吵。

一种可替代的方法是花一些时间来不断回放问题，以便更仔细地洞察：哪些情感深藏在问题背后？哪些价值受到了威胁？为什么没有人想要屈服？当愤怒平息时，让我们在不是争吵的状态下来对这些规则进行哲学探究：

- 究竟什么是规则？
- 谁决定了规则，他有什么权力决定？
- 人们真的必须遵守所有规则吗？为什么？
- 我们实际上真正需要哪些规则？为什么？它的目的是什么？
- 规则何时以及为何应该改变？
- 人们应该服从谁？是谁、什么样的时候最好不要服从？

当然，你肯定会注意到，这些重要的问题若只是让孩子们来进行哲学思考是不够的。我们成年人也需要独立思考，特别是在涉及我们尚未同意的规定或法则时。以下示例将提出一些几乎在所有年龄段都会引发争议的问题（尽管它从学龄前儿童的故事开始）。

关于服从的哲学探究还可以使用**斯蒂芬·布鲁哈特**（Stephan Brülhart）的图画书《**利奥波德和陌生人**》(*Leopold und der Fremde*)（阿特兰蒂斯出版社，2009）。

以下是针对不同年龄段的一些提示。

小豹利奥波德住在一个树木繁茂的小山上，他很喜欢玩他的蓝色小球。他的妈妈警告他："不要在水里玩球！那里住着我们还不知道的陌生人……"鳄鱼康拉德在玩红色球时也听到他的妈妈这么说。但是，有一天，利奥波德的球滚到了水里……

很快，两个孩子开始每天晚上秘密地玩耍，直到他们在黑暗中互相拿错了球。这样一来，妈妈们就知道了他们对禁令的轻视。不过，孩子们让妈妈们相信，这个陌生人并不坏，因而故事有了他们一起在沙滩上野餐的圆满结局。

当然，这个故事主要涉及**与陌生人打交道**。从 4 岁起，我们的孩子在**幼儿园**就学习了不可以跟陌生人走，即使他们看起来非常友好。但是，所有陌生人真的都是危险的吗？人们必须提防每个人吗？孩子们如何分辨是否应该相信一个陌生人？不可以跟陌生人走的规则够了吗？孩子们如果需要帮助应该求助于谁？谁应该对此负责？完全不可以跟陌生人走吗？

为了分担孩子们的思想工作，从预防的角度出发，家长应该与他们的学龄前儿童讨论某些特定的情况。例如，在一起参与民间节日之前——节庆活动中总有许多售货摊或其他精彩节目会吸引人们的注意力，或者在一个过于拥挤的大商场进行购物之前。我们要问孩子，他们如果走丢了应该找谁，用 2～3 个好的主意向他们普及一些基本的常识："你可以求助带孩子的另一位妈妈，或者一位售货员，或者……"你最好能找到一张图片或是一本图画书，可以在上面给孩子展示哪些人是可以带来帮助的，和孩子们一起思考为什么这些人会更安全以及比其他陌生人能够提供更大的帮助。有了这样的谈话，当孩子在陌生的人群中走丢，绝望地等待着父母时，就能做出一个更明智的选择。即使是 4 岁的孩子也可以设想这种场景。

在布鲁哈特的故事书中，孩子们并没有在这样的准备下与陌生人交往，他们的决定并不是基于对妈妈的警告的考量。由于故事中的陌生人也是一个孩子，他们没有偏见，也不害怕危险，但秘密的夜间碰面也很有可能会有糟糕的结果。因此，在进入这样的场景之前，最好能与孩子们谈论禁令或法规，这时候孩子们有机会选择是否要服从。

Kaum daheim, denkt Leopold:
«Sehr böse hat der Fremde eigentlich nicht ausgesehen...»

> 基本问题（不仅适用于儿童）：
> 服从总是好的吗？
> 什么时候人们必须服从？
> 有可能最好不要服从谁？为什么？

对我来说，这些问题是布鲁哈特图画书中最吸引人的问题。关于这些问题，我已经**和三年级的学生，甚至是 12 岁的孩子**在课堂中进行了一次哲学对话。先前，虽然我已经告诉过年龄较大的学生，我知道这本书不适合他们。但因为它涉及的主题，即使对成年人来说也是非常重要的，无论他们是多大的孩了，他们都有兴趣听到这个故事。这个前言为我打开了通向激烈讨论的大门。

利奥波德和康拉德这两个孩子身上就有不服从的想法。当利奥波德的球滚到河边时，那里有奇怪的陌生人，"你永远不知道他们……"，妈妈禁止他与陌生人一起玩！但是，利奥波德想把他的球拿回来！康拉德也想去这条河的上面看看：会有一个来自森林的怪物在那里吗？

在这一点上，我们可以让孩子们说说他们的意见：利奥波德应该把球捡回来吗？为什么呢？为什么不呢？他还能做什么？如果你是他，你会做什么？

利奥波德决定到水里去，当他抓住蓝色的球时，康拉德就在他的对面，他也想把他的红色球带到安全的地方。"他们互相打量了对方很长时间……""……然后以最快的速度跑回了家。""没有人在家，利奥波德想道：'这个陌生人看起来也没有那么坏……''他也有一个球……'，康拉德同时思考道。"（这就是我如此喜欢布鲁哈特书的原因：他相信孩子们能够自己思考！）

«Und einen Ball hat er auch…», überlegt sich Konrad zur gleichen Zeit.

这两个动物可能还会想到什么，我们可以请小哲学家们进行猜测。

过了几页之后，我们问他们对于晚上在树林里玩的决定有什么看法。有可能会发生什么？

另一个中间停留点是利奥波德和康拉德向他们的母亲解释球换错的地方。这个场景也适合表演，对此可以寻求一些其他的论证来安抚母亲，同时让他们对陌生人产生好奇。两个动物孩子进展得如此顺利，故事得以结束于海滩上开心的野餐，两个家庭甚至成了朋友。尽管不服从，但是却有"幸福的结局"？

关于**服从**这一主题，我们是这样与低年级学生一起讨论利奥波德和康拉德的故事的（用楷体字表示儿童的预期答案）。

我们从故事中的具体例子开始：

- 你们如何看待利奥波德在晚上与康拉德一起玩球的想法？——这样不好，他们不应该这样做。

- 为什么你认为这样不好？他们确实玩得很开心啊！——有可能会发生事故。或者他们在黑暗中再也找不到球了。

- 谁还有其他原因？——妈妈禁止他们这样做。

- 为什么有这样的禁令，他们还要这样做？——因为他们想玩。因为他们想要互相认识。因为他们没有记住妈妈的话……

- 谁认为这很糟糕？谁不这样觉得？为什么（不）？

然后，我们用其他问题来引出孩子们自己的经验，从中希望所有人都清楚，即在哲学探究的时候没有人需要害怕有人会泄露我们的经历，而借助故事我们能够更容易地做出个人陈述：

- 如果陌生人不是一个带球的孩子，而是一个成年人，利奥波德还会答应他一起去森林里玩球吗？如果你们是利奥波德，你们会听话吗？为什么不呢？

- 你们中间谁有不听话的时候？你愿意告诉我们吗？

- 你们觉得这个例子怎么样？它的后果很严重，还是根本没有那么严重？

- 为什么？为什么很严重？

- 我们还能看出哪些问题？

另一组问题转向**一般的概括**。对于 8 岁的孩子来说，他们更依赖于具体的例子，让他们进行一般的概括有时会非常难，但值得努力！

- 为什么故事的结局最后是好的？也许是因为孩子们不听话？

- 如果不禁止孩子们晚上碰面，猎豹和鳄鱼的家庭会成为朋友吗？

- 在认识陌生人方面，有什么更好的方法？

- 不听话总是错的吗？为什么呢？

- 你们何时发现听话很重要？为什么呢？

- 什么时候听话有可能是错的？为什么呢？

- 你们会故意破坏哪些规定？为什么呢？

- 人们怎么知道自己应该听话还是最好不要听话？

- 我们一定应该听谁的话？为什么呢？谁可能不是？

- 我们有可能找出一个规则来吗？例如：

    一个人一定要听话，如果……

    如果……，听话就是错误的。

如果我们想和孩子们讨论**关于对陌生人的偏见**，我们可以收集孩子们与陌生人之间的经验：

- 你们是怎样认识外国人家庭的或者在这里出生的外国孩子的？

- 我们如何帮助这些人来认识我们呢？

- 为什么这很重要？

- 如果人们总是提防陌生人，会怎么样？

- 当人们靠近陌生人时，会有什么美好的事情发生吗？

- 对此，又会有什么困难的地方？为什么？

- 陌生人有什么本质的不同吗？

- 陌生人有和我们完全相同的地方吗？在这一点上，是不是每个人都一样？为什么不呢？

> 根据这些经验，与大约 10 岁的儿童可以继续讨论**容忍**的主题：
> - 什么时候容忍是重要的？
> - 人们必须容忍一切吗？为什么不呢？
> - 这是谁决定的？以什么权力呢？
> - 究竟什么是容忍？
> - 宽容与冷漠有何不同？
> - 或者容忍和领受之间有什么不同？
> - 如果我们容忍一切、容忍每个人，那会怎么样？
> - 多少程度的容忍是重要的？为什么呢？

在六年级的课堂上，我曾经用利奥波德的图画书引导关于听从的对话。不顾父母的禁令肯定是所有孩子都熟悉的，作为一个 12 岁的孩子当然会像利奥波德一样不假思索地去捡球。这给了我一个机会，来思考这些普遍性的问题：你们对所有禁令都这样做吗？你们什么时候会听话？什么时候不会？孩子们的答复直言不讳，所以我最后给出了一个有些挑衅的总结：事实上，听话是多余的，不是吗？当然，这被否定了，但在最后，关于合理的和不必要的规定以及孩子们需要具备的自我责任，进行了完全不同的对话。

第二次世界大战后，关于听从的政治讨论已经在教育学中有所涉及，因为人们有必要认识到，所谓的"绝对听从"存在严重的后果。尽管专制的训练教育（Drill-Erziehung）已经过时，但关于听从之意义的讨论仍然还需要继续。

在反权威运动中，试图放弃任何权威并赋予孩子过多的自由，以期能与孩子和平共处，这是不对的。合作伙伴之间应当互相认真对待并相互信任：父母可以相信，除了荒唐可笑的念头和玩笑之外，他们孩子的脑袋和心智中是有理性的。儿童可以有权认为，他们的父母和老师希望他们有一个好的人生，成人当然具备更多的生活经验和智慧，因而可以分享给他们。当然，这种相互支撑的关系并不是没有理由的。这种相互信任和认真对待需要日常的照料，而且有时候还需要容忍失败。爱、幽默、对彼此充满兴趣、愿意多花时间，所有这些都是"照料的手段"，而哲学探究——尤其借助关怀性思维——成为一个理想的工具。

"孩子们，停止吵架！"

"我们不吵架，我们只是在战斗！"孩子们似乎总觉得成年人拒绝争吵，但战斗却可以被接受。这是真的吗？为什么是这样？或许，它和吵架的行为有些关系吧？如何将一场较量与残暴的殴打相区分？"互相好好说，不要动手动脚！"通常会是接下来的建议。但言语真的总能胜过拳头的对抗吗？所有这些问题都可以成为哲学探究的机会，当然我们成人也必须重新考虑我们对冲突及解决冲突的建设性方式的看法！不过，正如关于情感的哲学对话一样，在情绪激动的情况下开始对话是毫无意义的。

当孩子们吵架的时候，家长或老师是否要干涉，这取决于什么？什么时候我们应该把愤怒的孩子们分离开来，为什么停息一场斗争是好事？这些是孩子们周围的成人有可能时不时地会提出的**教育学问题**。在这些问题上，大多数与我谈论过的父母都认为，首要的是力量关系：如果年龄较大的孩子与年龄较小的孩子打架，我们有必要干涉，并喊"住手！"。但是，如果人们理所当然地把责任推到力量略强的孩子身上，这是不公平的，因为小孩子往往可能会故意利用这样的"保护伞"。此外，在情绪稍微冷却后，责骂通常不如共情的谈话更有效。

在拜访一个年轻的母亲时，我看到了下面这个小场景：当我和她聊关于宝宝的事情时，她快3岁的女儿靠着小弟弟的床，出乎意料地捏了他一下。为什么她做这种"坏"事？简单的解释是她感到嫉妒。"放手！"，我们可能会很严厉地斥责这个孩子。但是当你骂她时，她是否就摆脱了嫉妒？我当时给这位母亲的说法是，她在这样的情况下不会关注自己的"坏"，而是把整个注意力放在了哭闹的婴儿身上。如果母亲能够明白，大孩子的"坏行为"也是为了获得母亲充满爱的关照，正如宝宝所获得的、被对待的那样，面对这样的事情，母亲就会更冷静，并且向3岁的孩子展现更多的关爱。在下次有机会的时候，母亲可以向她的大孩子寻求帮助，例如，当她包裹或喂养婴儿时。孩子在帮助母亲的时候将感到自己是被承认的：一个可爱的孩子知道自己对于母亲来说是非常重要的，即使只是弟弟需要她的帮助。

当这位母亲向我解释这一切时，这个3岁女孩惊讶地看着抱着宝宝的母亲。然后，小女孩一边紧紧地依偎着母亲和宝宝，一边抚慰她的小弟弟。

在大一点的哥哥姐姐那里，进行关于打架和争吵的哲学探究能够替代母亲的心理学"技巧"，这在反复的实践中被证明是有效的。即使在发生暴力冲突的学校班级中，也适用于因公平问题而引起争吵的哲学对话。与面向解决问题的危机干预相反，在哲学探究中，我们试图找出可以应用于许多类似情况的一般规则。因为我们的讨论是为了走出剑拔弩张的状态，没有人必须承认自己的错误或受到指责，这才能够使得真正的关怀性思维、清醒的思考与同理心的结合成为可能。孩子们在哲学对话和讨论的方式中学习到,人们能够建设性地解决冲突,而不是让情绪以不受控制的方式自由宣泄。他们更好地发展了对于冲突的可能原因和后果的理解。**通过共情的关怀性思维,他们的社交情感能力有了明显的提高。**

关于争吵的有趣的图画书适合成为讨论的开端,有时,甚至是12岁的孩子,也像利奥波德一样,因为孩子们在讲述自己的行为之前,他们可以首先对故事中愤怒的主人公进行一番自娱自乐。当然,如果孩子们愿意拿自己的事情当例子,我们也可以用其他的故事或以某个孩子的亲身经历开始。

关于**争吵**主题的课程计划,我们曾在三个课堂上实施:**幼儿园、二年级和四年级。**

由于争吵对所有年龄段的孩子都很重要,三位教师连续几天为这一主题设置了一系列的课程。有三个重点是我们使用图画书和进行哲学探究时要关注的:

(1)为什么我们总是不断地吵架?我们必须吵架吗?

(2)我们是怎样吵架的?什么是好/坏的吵架?

(3)如何平息争吵?如何进行调解?

基本问题：为什么我们总是不断地吵架？我们必须吵架吗？

由**凯蒂·班德**（Käthi Bhend）充满自然风格的钢笔画和**汉娜·约翰森**（Hanna Johansen）的诙谐文字组成的图画书《**鸭子与猫头鹰**》(*Die Ente und die Eule*)，于 2002 年以平装本的方式由拉文斯堡出版社（Ravensburger）发行。可惜书很快售罄，但值得去图书馆寻找！通过这个故事，参与三个课堂的孩子们更详细地发现了，是什么导致了争吵以及如何看待争吵。此外，他们还顺道学习了有关这两只鸟的有趣科普常识。

虽然鸭子和猫头鹰想成为朋友，但她们总是因为她们的不同而烦恼：猫头鹰在白天睡觉，而鸭子在白天潜入水中觅食，所以她认为应该在夜晚睡觉。

"你说你在晚上睡觉？完全不行。比起睡觉，晚上有更多激动人心的事情可以做，当外面一片漆黑，我们必须睁大眼睛，耐心等待，看看是否会有什么可以吃的东西路过。"

"你疯了吗？"鸭子说。"食物可不会自己路过这里。人们必须钻到水里面去，不断地寻找食物直到人们发现了吃的为止。""这样吃东西的方式很荒唐。"猫头鹰喃喃自语。鸭子有些恼羞成怒，生气地说："这不荒唐，这很正常。"

为此，孩子们完成了一个比较表：

两个都是鸟类，但是……	鸭子生活在水边	猫头鹰生活在树上
两个都有脚，但是……	鸭子……	
两个都有嘴，……		
两个都需要喂食，……		
两个都要睡觉，……		

即使在吃饭的时间上，她们也会产生分歧。在这里，三位老师都打断了班上的孩子而问道：

- 她们为什么生气？
- 你们觉得怎么样？
- 一定要因为不同而吵架吗？什么时候必须吵架？什么时候不值得吵架？为什么？
- 这两只鸟还有什么不同的地方吗？
- 在多大程度上她们是相似的？

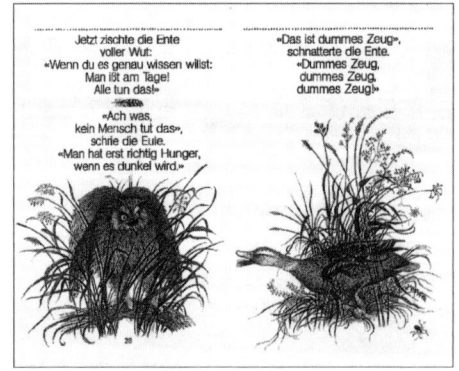

三个班的孩子，如同故事中的两只鸟，很快就统一了想法：她们吵架是因为她们是不同的。"但人们不必为此争吵"，猫头鹰认为。那么，什么是争吵的原因呢？

于是开始了第二轮寻找，孩子们继续读下去：

"鸭子，我们到底为什么要争吵？""因为你做错了什么，这就是原因。""不，是你！""不，是你！""不，是你！"

争吵再次开始了！

在鸭子和猫头鹰的争吵中，即使是6岁的孩子也很快就会发现：仅仅因为差异是不会引起争吵的。但是，现在的问题是，双方都认为自己的生活方式是正确的。而这又引发了再次的争吵。也许，这也适用于孩子？

现在，对于这些理由，我们需要进行更深入的研究，并在问题上补充儿童自己的经验：

- 你为什么和对方吵架？
- 或者你们从来没有吵过架？
- 你们和你们的伙伴之间有什么区别？
- 什么事情让你们忧虑？
- 这件事情什么时候可能会成为你们吵架的理由？
- 真的是差异导致了吵架吗？
- 还有可能是什么呢？

在故事的最后，鸭子说："我很饿。饥饿让我不耐烦。我想去吃点东西。""我累了。每当我累的时候，我就会很生气。"猫头鹰回应道。啊哈：所以人们争吵是因为他们饿了或者累了吗？我们之前一直认为这两只鸟争吵，

是因为她们是如此不同！或者因为另一个人总是做错事，或者因为每个人都觉得自己有道理！……

> 对话的最后一部分围绕着所发现的原因进行评估。对此，教师鼓励孩子构建自己的伦理观点，而不是简单地强加给孩子道德教条——"不要吵架！"：
> - 哪些理由你们觉得有道理？为什么？
> - 哪些你们觉得有点傻呢？
> - 为什么有点傻呢？
> - 它有什么愚蠢的方面？
> - 这些理由总是对的吗？何时是？何时不是？为什么（不是）？

基本问题：我们是怎样吵架的？什么是好 / 坏的吵架？

下一本可以在课堂上轻松重复上演的图画书故事特别适用于讨论吵架的质量。正如寻找好的或坏的理由一样，这个故事不仅涉及不同类型的争吵方式，还涉及评价：吵架总是不好的吗？"好"的吵架会是什么样的？用言语或拳头争吵，哪个会更好？为什么呢？

大卫·麦基（David McKee）的书《**两个怪物**》（*Du hast angefangen! Nein, du!*），已由索尔兰德尔出版社（Sauerländer）多次重印发行。这本书给了我们对这些问题思考的机会。

两个小男孩看到怪物们用言语和巨石相互对抗后觉得"这很有趣！"。打架可以很有趣吗？对此大家有不同的意见。但在二年级的课堂上，孩子们很快统一了意见——打人或踩踏比脏话更严重,直到一个女孩提出了反对意见:"但是,如果总有说你蠢,你是永远不会忘记的,再也不会,而乌青却很快会淡化"。此时,意见又导向了另一边。只有经过几次对口头或肢体暴力事件的考察后,孩子们才能形成一种更加分明的观点,即只有当争吵是有序的时候,才可能会有乐趣产生。

让参与讨论争吵主题的教师们感到惊讶的是,主张在争吵中使用身体方式比主张使用口头攻击的要多。几乎所有的孩子都强调,成年人往往会火速地干预进来!

基本问题:如何平息争吵?如何进行调解?

第三本图画书是一本从两头往中间读的书,故事的结局是争吵的和解,它出现在书的中间。

这本书是**伊莎贝尔·阿贝蒂**(Isabel Abedi)**和西维欧·诺英多夫**(Silvio Neuendorf)**的《好朋友不吵架》**(*Blöde Ziege-Dumme Gans*)[阿斯埃德申出版社(arsEdition),2003/2009]。故事是关于两个孩子的,小羊和小鹅克服了他们对对方的愤怒而互相和解。(新版本中包含了关于所有孩子基本经验的两个故事,从两个角度来论述:出走与返回,失去与收获,承认与道歉。)

在"争吵是怎么来的?"以及第二个问题"争吵的过程是怎么样的?它是有趣的吗?"之后,孩子们最后通过角色扮演来试图回答这个问题:如何以及通过什么来平息争吵?

哪些措施能够保证让所有当事人都满意?人们应该互相

交流或者最好说点什么吗？很多孩子建议"和平"，其他人纷纷表示赞同。当然，有些孩子是第一次在这种活动中认识到如何制造和平的策略。

参与这个有关争吵讨论的小学生发现了两句美丽的"智慧箴言"，我想与大家分享：

"谁先开始没关系，但是谁先停下来很重要！"以及：

"两个'不公正'相加不等于'公正'！"

关于正义的哲学探究

己所不欲，勿施于人？

弗雷迪正在电视机前看他最喜欢的节目——电视剧《阿尔福》（*Afl*）。当三个大一点的孩子作为意外访客出现时，他们想看动画节目。对哲学感兴趣的老师对此并不会感到陌生。它属于关于正义的思考中的典型例子，出现在加雷斯·B. 马修斯（Gareth B. Matthews）的**《哲学与幼童》**（*Philosophische Gespräche mit Kindern*）[福瑞斯出版社（Freese Verlag），柏林，1989]一书中。来自伦理学章节中的故事展示了弗雷迪对他母亲的提问："为什么三个人自私比一个人自私更好？……"对此，母亲用以下句子安慰他："我知道你不能忍受这个节目。但是你要清楚的是：这样的话就会有三个人是快乐的，而不是一个人。"

加雷斯·B. 马修斯（生于 1929 年）是马萨诸塞大学哲学系教授。他是令人信服的儿童哲学先驱之一，对德语地区的后继者产生了决定性的影响。他曾经对他的读者和学生说：

> 任何从未实践过与孩子或与一群孩子做哲学的人，将错过生活中最美丽的礼物。我建议大家尽快弥补上这个缺憾。

马修斯在书中记录了爱丁堡四年级的孩子们对于上述弗雷迪故事的反应。在此,他们既不接受母亲的功利主义原则(多数人的最大幸福原则),也不接受**黄金法则**(己所不欲,勿施于人)。正如一个男孩论证道:"你肯定不会想要访客把你的家搞得乱七八糟以及打扰你看自己最喜欢的节目!"另一个孩子反驳道:"如果我是弗雷迪的话,这对我基本没有什么影响。"打扰一个人的事情可能并不会打扰另一个人!那么,我们如何来把握黄金法则呢?从个人偏好中,我们无法未经讨论地就推导出普遍有效的规则,即使它被称为"黄金法则"。此外,另一个孩子的论点表明,黄金法则永远不会被所有人遵守。"你最有可能说的是,为了让所有人(包括你自己)服从黄金法则,做你能做的。"

就这样,在苏格兰的小学课堂上,对正义行为的普遍约束规则的哲学探究到此结束。但是,对于典型的加雷斯·马修斯风格或是一般的哲学思考来说,我们还要在下面的章节继续探讨,所以我们还要继续停留一会儿。

于是,马修斯让弗雷迪告诉他的朋友:"我必须问爱丽丝(弗雷迪的姐姐)她对你说的规则的看法。我不明白她为什么说你的规则毫无用处,她总是批判一切东西,却不给出自己的理由。"

公平还是不公平？

（来自加雷斯·B.马修斯的故事）

（由孩子们改编与表演，伊娃·佐勒·莫尔夫讨论）

弗雷迪坐在他最喜欢的椅子上，喝着一杯柠檬水，手上拿着一把薯条。他只是想看他心爱的电视连续剧《阿尔福》的最后一集。然而，他的喜悦被一辆停在房子前面的车的噪声打破了。随后，他听到有人慢慢靠近大门。

弗雷迪想把注意力集中在电视屏幕上，但是门铃已经响了，一群闲聊的人走了进来。

"弗雷迪，"他的母亲越过喧哗说道，"这是艾格斯一家，你还记得他们吗？他们来自康斯坦茨湖地区，今天开车去了苏黎世。我们去喝会儿茶，让小家伙们看会儿电视吧。快看，这是莎拉、菲利普和迪娜。自从我上次见过你们之后，孩子们都长这么大了！"

"我想看《辛普森一家》，"莎拉喊道。"是的，《辛普森一家》，"她的兄弟姐妹同意了。"难道你们不想看阿尔福？"弗雷迪尽可能礼貌地问道。"不，"他们齐声回答，"我们想看《辛普森一家》！"

莎拉，三个中最大的孩子，坦然自若地走向电视机，伸手去拿遥控器，然后换台到《辛普森一家》。

弗雷迪悲伤地站了起来，走进厨房。"是什么让你拉长了脸？"他的母亲边充烧水壶边问道。"我知道你比他们都小，但他们都是好孩子，真的。他们的父母是我们的老朋友。要对他们友好！"

"但他们想看《辛普森一家》！"弗雷迪用怀疑的口气说道。

"我很抱歉，"他的母亲说，"我知道你不能忍受这个节日。但是请你弄清楚一点：这样的话就会有三个人是快乐的，而不是一个人。"

弗雷迪想了一会儿。"妈妈，"他若有所思，慢慢地说道，"为什么三个人自私比一个人自私更好？"

"为什么三个人自私比一个人自私更好？"——寻找正义行为的一般规则

马修斯的故事邀请我们思考和重演。通过让一群10—11岁的孩子在简略地了解故事后即兴表演的方法，我把这个故事带给了他们。很快，在一个假想的电视室里，弗雷迪满意地坐在椅子上，两把椅子代表着前门，然后嘈杂的汽车声中来了一群不速之客（五把椅子）。"让孩子们看会儿电视，我去喝茶了"，"妈妈"会这么说，但一下子就被观看表演的小伙伴打断了："我们家里如果有客人来，就会立马把电视机关掉！""为什么？"我要求他给出论证。还没等他补充完，下一个反对意见就来了："这对于弗雷迪来说太残忍了，因为他确实非常喜欢这个节目！""但若只是因为客人来了，要把电视机关掉，这也太可恶了！""让我们把马修斯的故事演完，看看马修斯到底说了什么"，我打断了孩子们的滔滔不绝，"但对此我们可以考虑一下弗雷迪的感受。你们怎么看？"我们还询问了"母亲""其他孩子"和"其他孩子父母"的感受，以加深对整体情况的了解。

"你们怎么看待这个故事？"这还是一个非常开放的**起始问题**。现在，我们可以再次想象弗雷迪的经历对他来说有多么不公平，对此，许多孩子给出了解决这个问题的一系列建议："他们可以不断地换频道，5分钟这个节目，5分钟另一个节目。""他们可以都不看电视，做一些别的事情，比如玩一个游戏。""我妈妈也许会说，把电视先关了，如果我们不能达成一致意见的话。""他们应该讨论一下。""可是，等他们讨论完，节目都已经结束了!"

这样的回答我们可以在几乎未经过哲学训练的成人中听到,因为我们大多数人都已经非常擅长在冲突问题上寻求解决方案。然而,在哲学探究上,我们首先需要**与问题保持一些距离**,并通过彻底的思考来理解相互对立的价值冲突:

- 谁的"权利"更有优先性?"客人为王"还是"我住在这里,这是我们的电视机"?
- 多数人的决定真的总是正义的吗?
- 母亲对待失望的儿子的方式是公正的吗?

在对话结束时,我们可以引导出更多类似情况下的不同行为。

"那么，让我们来思考一下，什么对于弗雷迪来说是不公正的以及为什么！'公正'到底是什么意思？考察一下你们会用到这个词的更多例子，然后构建你们的观点！反例也是值得期待的。"

几乎在每一个问题的论述上，概念澄清的哲学工具（W——你说的……是什么意思？）总是必要的。有时候，就像我们在这里的例子一样，它甚至构成了整个对话的核心部分。相较于学院哲学，概念澄清的工作在此往往嵌入在儿童的经验世界中。此外，我们的目标是通过对话将日常生活中的知识转为之后的实践性应用。

不过，我们首先得对通过反问（工具 S——真的是这样的吗？）和论证（工具 G——好的理由是什么？）收集来的例子进行提炼与概括。当我们最后在所提及的经验中发现共同性时，我们就能找到一些普遍性。例如，我的学生曾发现正义与每个人的满意度有关，即使他必须承受放弃自己的权利，但这样所有人就都会满意了吗？

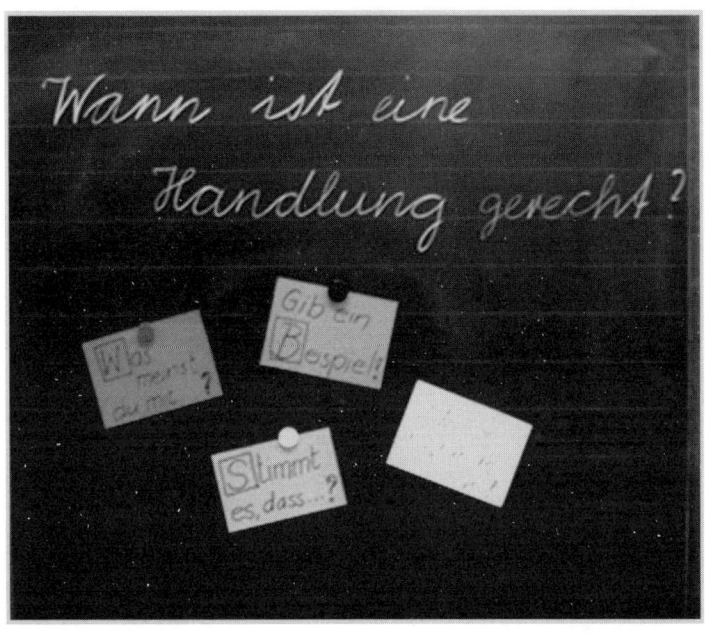

在课程结束时,我们试图以这种方式来表达规则:正义是一种行为,每当……

适合上述对话部分的**助产术问题**:

对于我们来说,那些看起来可能完全清楚的概念比如"公正/不公正"应当加以澄清(工具W),这对于讨论是非常必要的。在下面的情况中,我们可以提出以下问题:

- 故事中的谁的行为是不公正的?
- 为什么不公正?
- 谁被公正/不公正地对待了?哪里让你觉得不公正了?
- 母亲提出的建议是公正的吗?
- "公正地决定"与"公正地对待某人"有什么区别?
- "讨厌"与"不公正"或"残忍"一样吗?请寻找差异!
- "公正"到底意味着什么?

通过反问（S）和假设（A），我们对过去视为理所当然的价值进行重新考察，并寻找有效的普遍性。像"总是""所有的""从不""永远的""人们""完全"等词汇能够再次起到帮助作用：

- 对于**客人**，人们必须**总**是保持礼貌。所以，这三个外来的孩子可以落实他们的意愿。这个**结论**是否正确（F）？谁同意（不同意）？为什么不呢？
- 毕竟这是弗雷迪的家，所以他有权利（F）决定他们观看哪个节目。这条规则适用**于所有的地方**吗？哪里可能没有？你们觉得怎么样？
- 究竟谁有权制定规则？为什么呢？
- 多数人的决定是否公正？为什么不总是？
- 黄金法则为何不能总是可行的？
- 弗雷迪和客人如何体面地都被照顾到？

当然，所有这些问题的答案需要好的论据和无懈可击的理由（G）。例如，我们可以这样问：

- 你是怎么得出结论的？
- 为什么你们认为这可能是真的？
- 什么支持了这个说法？什么与此相反？
- 还有没有不一样的可能呢？是怎样的？

为了让孩子们尽可能多地考虑问题，我们并不满足于单一的答案：

- 谁想到了另一种可能？
- 我们现在的理解完全正确吗？
- 这里会有多个真相吗？怎么会这样？

最后，我们一起对**所产生的认识**进行了总结，并为下一次探究留下了开放性的问题。然后，以改编后的**角色扮演**作为讨论后的轻松游戏：一个公正的情况看起来是怎样的？在小组中，孩子们考虑关于公正的不同情景，然后在课后表演出来。在汽笛鸣鸣声中，"汽车之家"又来做客了好多次。如果他们发现自己的解决方案是"公正的"，每个小组就在黑板上将此表达为一句话。这将为关于正义的讨论提供进一步对话的足够材料！

正义有很多面向！

在父母工作坊中，我曾将正义作为讨论的题目：什么是正义？马上，一个父亲突然大声说道："根本就没有正义这样的东西！"对此，我感到非常意外，当然想知道他想表达的意思。事实证明，他和他的孩子前一天在家中发生了激烈的争执，尚未找到"公正"的解决方案。"我们没有办法购买邻居家给孩子买的所有东西！"父亲拼命地试图解释，但他的孩子们却对此非常生气，固执地认为这不公平。谈话结果令人不满意，这让父亲第二天还忧心忡忡。

现在，我理解了他的爆发，于是改变了我的问题："在你看来，那个不存在的'正义'，是什么呢？这个词是什么意思？"即使我们认为这样的"某些东西"不存在，我们也能思考"某些东西"可能意味着什么。在那之后，我们再来确定，更确切地说是查明某些东西，例如"正义"，是出现了还是缺席了。

为此，我们需要用到**关怀性思维的四个方面**：

通常情况下，讨论是由假定的不公正引发的，例如在分配、规则破坏、惩罚、不履行承诺等案例中，或者是与自然的关系（赞赏性思维）中，比如破坏环境、虐待动物之类。

由于许多孩子都有很强的正义感（情感性思维），他们要求我们成年人提供毫不妥协的公正的解决方案。但可惜这并非总是可行的。

可以说，正义是我们所有人期待的应然状态（规范性思维）。但事实上，这并不总是能够实现。但在孩子面前，我们要做好忍受这种不适的准备，通过一些哲学的步骤（借助关怀性思维）来发现和探索全能与软弱无能之间的回旋余地。下面这些是值得我们做的：在什么方面以及如何可以对正义至少有一点促进？我们什么时候必须为了正义而献身，甚至可能为之冒着风险而战斗？在孩子的愤怒和不满（情感性思维）中藏着巨大的能量，我们一定要帮助他们找到方法来实现正义或者与不公正对抗（积极性思维）。

哲学家们对正义的看法

为了做好准备，值得从专业思想家那里了解一些关于这个主题的想法。当然，在这里做详细介绍将超出本书的范围。因此，我把内容框定在一些可能帮助家长或教师推进与孩子们的对话或练习的想法上。

亚里士多德是继苏格拉底和柏拉图之后第三位希腊伟大的古典哲学家，此外，他也是公元前4世纪马其顿国王亚历山大大帝的老师。他发现了逻辑定律，从而建立了科学思维。与《圣经》并列，他的著作在中世纪成为更好地理解自然、宇宙、上帝、人类和世界的主要来源。

例如，在**亚里士多德**写给儿子尼各马可的书——《**尼各马可伦理学**》中，亚里士多德处理了**分配正义**的问题。每当有东西要分配时，问题就出现了：我们怎么做才是公正的？是每个人都相同或每个人得到他所需要的吗？

我和一群10岁的孩子体验过一个很好的例子：我带了两个橘子过去。在我休息的时候吃掉了一个橘子，当时有一个女孩问我是否可以把另一个给她。我想给她第二个橘子，但是立马有好几个孩子看到了，他们都想要吃。"我现在该怎么办？"我问大家。"每个人得到一瓣！"有一个孩子喊道，但女孩觉得不公正："是我先问的！"这一说法对其他人并不起作用。"我们也想要！"他们强烈地要求并看着我，似乎希望寻求帮助。"很抱歉，这是我的最后一个橘子"，我不得不说。当时我很紧张，不知道他们能否以及如何达成一致。女孩数了一下橘子有多少瓣并宣布："无论如何，要给所有人的话是不够的！"这个时候，一直坐在后面的罗曼走了过来，用他自己的橘子贡献上了缺少的几瓣。女孩对他的贡献感到十分惊讶，并慷慨大方地开始分配。当有一个孩子因为不想吃而感激地拒绝时，我故作严肃地对他说："那不行！现在，所有的人都必须拿走一瓣，否则就是不公正的！"孩子们笑了，罗曼用调皮的口吻唤醒了我的正义感："那你下次必须带一个莉娜喜欢的东西来！"

这些孩子明白，"每个人都相同"的规则并不总是可行的，也不总是有意义的。通常更为公正的做法是，按照"每个人所需要的"来分配。因为我们都是不同的，我们有不同的需求或偏好、不同的能力和机会。因此，亚里士多德谈及货物或责任的分配时，他说的是"**相对平等**"。把手头的东西公正地分配并不难。但是，如果数量不够的话，何以保障公正地对待所有人呢？于是，亚里士多德的另一种正义方式发挥了作用：**补偿性或交换性正义**。罗曼在对此毫无察觉的情况下已经通过建议暗示到，我下次应该带莉娜喜欢的东西。补偿并不意味着在数量上等同，而是表明某个在一种情况中处于不利地位的人应当在下一种情况中优先地得到弥补。亚里士多德对此也想到了城邦，城邦必须确保所有公民都过得好。

一个讽刺的细节是，在雅典，时常为人称道的民主不将妇女视为公民，奴隶当然也不是！但是，法律面前人人平等，那些不服从的人必须面对同样的惩罚。

> **适合小学生谈论的关于正义与平等的主题**
>
> 家务分配，玩电脑和看电视时间的分配，照顾弟弟妹妹的责任，对宠物的责任，礼物，自己的房间，零花钱。在所有这些主题中，孩子们可以很容易地发现为什么不存在这样的目标，即所有人得到的东西或做的事情是同样的。

> 在一些**助产术问题**的激发下：
>
> - 如果每个人得到的都不一样，是否总是不公正的？什么时候一定会？为什么（不）？（对此可能存在更多好的理由！）
> - 人们必须总是分享一切吗？什么可能不呢？为什么呢？（用例子和反例来论证）
> - 分配是否公正，取决于什么？（提出更多的答案！）
> - 如何确保每个人都对同一个解决方案表示同意，即使在不能满足所有人愿望的情况下？想想弗雷迪和他的不速之客！

大约10岁左右的孩子可以讨论的补偿性正义的主题以及助产术问题如下：

> **什么时候惩罚是公正的？**
>
> - 谁可以决定惩罚？
> - 使用哪些惩罚措施？为什么？
> - 惩罚有可能会有哪些负面影响？什么时候？为什么（不）？
> - 我们需要惩罚吗？如果没有惩罚会怎么样？
> - 哪些惩罚你们觉得是有意义的和完全合理的？为什么？
>
> **投票总是公正的吗？**
>
> - 你们在投票时的感受如何？
> - 为什么总是多数人有决定权？
> - 我们如何包容落选者的意见？
> - 是什么让弗雷迪希望三个客人孩子让出电视机？
> - 弗雷迪的哪些论证有可能让这三个孩子改变主意？

19世纪，英国有群哲学家被称为"**功利主义者**"（utilitaristen），他们试图通过计算来确定正义。"utilis"的意思是"有用的"。每个决定都应该为尽可能多的人带来尽可能多的好处或更多的幸福，这是公正的。只不过，人们如何来衡量幸福？弗雷迪母亲提出的建议就是按照这个原则来的，即"三个人的快乐比一个人的快乐多"。孩子们提出了反驳的论证："但如果这三个人只是有点高兴，而弗雷迪真的很不高兴，那么他应该是对的！"

在另外一个体育课的课堂上，我让学生通过投票选出最后的游戏。学生反对接下来的解决方案，因为那是"不公正"的多数人的决定：因为同样的游戏每次都获得了更多的选票。落选的人抱怨道："这是不公正的！""但的确我们投票了？"我疑惑地回答道。"然而，这是不公正的，因为我们从来没有玩过我们的游戏！""那我们该怎么办？"于是，他们决定，投票的方式不能每次都用，可以每隔一次地进行。在那之后的一周，落选者的选择将得以实现。即使是之前的"赢家"也慷慨地同意了，因为他们能够同情少数群体并设想一下总是必须让步会怎么样。

另一个非常著名的理论描述了一个国王或政府如何为公民制定最公正的法律。它源自美国哲学家**约翰·罗尔斯**（John Rawls，1921—2002），被称为**"正义论"**。

立法者所指定的法规应获得每个受其影响的人的肯定。没有人应该享有特权，任何人都不应该处于不利的地位。为了对此进行检验，罗尔斯设计了一个思想实验：在正义的原则制定出来之后，所有的人（包括立法者和其他相关人员）都将处于沉睡状态（"无知之幕"）。当他们醒来的时候，他们将在社会中获得一个完全不同的角色。也许那时，国王将成为一个鞋匠，或者一个农妇将成为生活中的法官。没有人会知道他醒来时会在哪里，会成为什么人。如果立法仍然被认为是好的，那么它就是真正公正的。

法律什么时候是公正的？规则什么时候是公正的？行为什么时候是公正的？世界是公正的吗？上帝是公正的吗？ 显然，这些问题伴随了人们几个世纪，尽管有各种理论，但通常要做出"公正"或"正确"的事情仍然是很难的。当配备了哲学工具后，儿童和成人就有更多机会制定出互相都可以接受的公正决策。因此，我们需要经常对能够激发孩子和青少年兴趣的伦理问题进行哲学思考！例如：

- 人们可以杀死动物吗？也许可以？哪些不可以？为什么呢？这取决于什么？
- 为什么人们开垦这么多的原始森林，即使他们知道这会占用动物的栖息地？
- 动物的生存权是否比人类少？究竟是为什么呢？
- 哪些权利所有人都应享有？谁决定的？
- 为什么某些国家的儿童要从事成人工作？
- 为什么有那么多饥饿的人？人们对此可以做些什么？
- 为什么会发生战争？战争也会来到我们这里吗？
- 各国正在采取哪些措施来阻挡北极的冰融化？
- 依此类推……

通过哲学讨论，我们以尊重和非暴力的方式促进儿童与他人、动物以及整个自然界进行友好的交往。最后，但同样重要的是，我们自己获得了行为的新动力。

关于伦理主题的文学作品

《谎言长着红耳朵——关于大人和小孩的良心问题》（*Lügen haben rote Ohren—Gewissensfragen für grosse und kleine Menschen*）

莱内尔·埃尔林格（Rainer Erlinger）著

乌尔施泰因出版社（Ullstein Verlag）2006年出版

关于伦理的主题，为青少年和教师进行举例说明和介绍。

《文章》（*Der Aufsatz*）

安东尼奥·斯卡尔梅达（Antonio Skármeta）著

德列斯勒出版社（Dressler）2000年出版

当人们写一篇关于家庭生活的文章时，可以写说谎在一个独裁统治下也许是必要的吗？这本地道的获奖作品为大约10岁以上的孩子介绍了那些难以理解的事实，使得这些事情让人可以理解。

《什么将世界联系在一起？——给孩子的伦理学》（*Was verbindet die Welt?—Ethik für Kinder*）

布莉姬·拉贝（Brigitte Labbé）/米歇尔·毕奇（Michel Puech）著

罗意威出版社（Loewe）2005年出版

对男孩/女孩、正义/非正义、暴力/非暴力、战争/和平、美/丑等主题进行发问、解释、思考，适合10岁以上的孩子自行阅读或作为教师的准备材料。

《说谎鱼》（*Flunkerfisch*）

艾利克斯·舍费尔（Alex Scheffer）/ 朱丽叶·唐纳尔德森（Julia Donaldson）著

贝尔茨 & 盖尔伯格出版社（Beltz & Gelberg）2007 年出版

"一旦撒谎，就不会有人相信了……"

这就是这个故事的寓意，但却引发了对谎言的更深层反思。

此书非常适合小孩子阅读。

第三部分

关于存在问题的哲学探究

以哲学的方式走入宗教问题

哲学探究意味着学习死亡、学习生活!

在生活中的许多时刻,我们还会问……

以哲学的方式走入宗教问题

知识、信念还是哲学探究？——从神话到逻各斯

我们从哪里来？我们要去哪里？为什么我们来到世界上？一切世上所发生事情的意义何在？是否有一个指挥一切的主宰者、一种更高的权力、一个关心正在发生之事的上帝，或者只是我们摸不透的命运，一切都不是偶然事件？什么是灵魂？为什么会有死亡？是否有一个彼岸，那是一个天使居住的天堂，还是地狱？

早在苏格拉底或柏拉图这些哲学家试图用逻各斯（语言、理性）来解答这些问题之前，人们已经对此岸或彼岸的问题产生了许多疑问。很有可能，自从有人类以来，他们就已经对周遭世界、神秘的起源和归宿以及生活中充满的大量危险产生了惊异。为了应对这种情况，他们尽可能地尝试用各种各样的神话解释存在，并通过仪式行为减少面临的威胁。最初的宗教大概就是这样产生的，在仪式中存在，与这样的希望和信念相连，即通过"正确"的行为获得"神圣主宰"的恩赐。

即使在今天，我们也能在高度发展的宗教中发现这种"思考"和信仰的痕迹，而小孩子似乎经常使用非常相似的想法来对世界进行理解。然而，有时候，他们会幻想错误的，有时甚至是非常沉重的答案，特别是在谈到死亡问题时。那么，这个时候，周围的大人一定要发现一些错误并进行纠正！"爸爸死了吗，因为我不听话？"一个4岁的孩子问道。另一个孩子，他的弟弟患

有危及生命的恶疾，认为这是因为他的嫉妒引起的。一个 9 岁的孩子曾告诉我，他不想在去世后被埋葬，因为他不想被蠕虫吃掉。总有人不假思索地把这些可怕的童话故事告诉孩子；孩子们总能在某些地方听到这些故事，这些故事可不是他们自己编造的，但这些胡闹的玩笑通常会妨碍我们严肃地处理这个话题。这就是为什么我向女孩明确表示坟墓的深处没有蠕虫，我们不需要害怕和讨厌。

在这里，我能够用事实澄清误解，但我们怎样才能帮助那些被非理性的幻想吓坏的孩子呢？就像我 7 岁大的邻居小男孩，他的一些同班同学用魔鬼吓唬他，他已经好几个月处于恐惧之中。这个年龄的孩子可能还相信魔法，所以我给了这个男孩一块"能量石"，让他用拳头牢牢地握住这块石头，以此感受到"石头的力量"。这能帮助他减缓恐惧，有助于他减轻恐慌。信仰应当成为一座大山……

宗教以及它的代理人在画面中告诉我们，他们如何理解世界的生成和消逝。他们通过援引神圣的诫命和启示来确定这个世界中人类行为的方向。通过他们的解释，他们为彼岸的世界或死后的继续存在带来了希望。通过不同的神话、伦理和仪式，他们帮助了无数人驾驭生活并让他们相信生命的意义。对于许多人来说，这可能是一种好方法，通过自己确证过的经验来检验一种特定说法的"可信度"，而不是不假思索地接受。相反，对"魔鬼"的相信对我的小邻居来说并不是好事！许多青少年尚未开始寻找自己的同一性和存在意义，对真理缺乏深入的思考和详尽的论证就加入了宗教团体，这种信仰对他们来说弊大于利，因为这样的信仰大厦很有可能会坍塌。而哲学探究却可能是一个合适的选择。

伊曼努尔·康德所关心的问题是，所有人都应当运用自己的知性，他主张以理性作为先决条件的启蒙的生活态度。这并不是要我们放弃信仰，在宗

教领域发出理性的声音比倚靠荒唐的假想所带来的危险要小得多,康德曾写道:"**我必须限定知识来为信仰腾出空间**",因为

- 上帝是否存在,这是永远无法证明的,因为我们的感性与知性对此都不会是合适的工具。然而,康德认为,假设上帝存在是合理的。
- 我们是否拥有不朽的灵魂,这也是无法证实的。不过,康德似乎认为,灵魂不朽是一个合理的假设,因为我们的生活似乎永远不足以达到完美。如果灵魂不朽,那么所有人都应当不断地自我完善。
- 我们是否真的有自由意志,确实也不太可能证明,当前的大脑研究甚至发现了反对它的新观点!然而,康德的意思是,我们应该预设我们是自由的,我们是意欲善的,因为否则我们永远不会在道德上负有责任。

通过这些反思,伟大的哲学家赋予了信仰自己的位置和合法性。谁不顾及眼前("被扬弃的"而"束之高阁的")知识而接受未经彻底反思的宗教,按照康德的说法,谁就生活在"咎由自取的不成熟中"。几个世纪以来,这使得人们独立于教会和世俗的权威,如果被允许的话,今天的人们仍然如此。不幸的是,这往往会导致不容忍和原教旨主义的倾向,特别是因为在基督教和伊斯兰教中存在着对绝对真理的要求和对使命的思考。两者都可能在我们的多元宗教和多元文化的社会中引发冲突和暴力。

通过对宗教问题的哲学思考,我们试图承认理性、希望以及信仰的地位。通过理性,我们探索我们所知道的,或者至少可以进行逻辑的推理,以便接近可能成为私人的确定的答案。或者我们可以用康德的两句话来描述人们对这种边界的哲学探索:"**我能知道什么?**""**我能希望得到什么?**"我们的感官

能够感知到的以及我们的知性能够把握（以概念的形式抓住）到的，是可知的。但对于彼岸或者上帝，我们只能依赖于猜想和情感过程，比如通过希望。两者都可能是"真理"，那么，什么是真理呢？

关于真理的哲学探究

如果我们想要与儿童或青少年一起对宗教问题进行哲学探究，它关乎的不是知识要将信仰排除出去，也不是通过对技术和科学的信奉来代替对神圣事物的信仰。

从存在的问题来看，我们每个人的意见都是重要的，但这并不意味着我们不应该对其进行批判性的质疑。

首先，值得更进一步研究的是"真理"这个概念，而不是去质疑个人的评价或信念。对此，伯尔尼艺术家桑德罗·德尔·普雷特（Sandro del Prete）的画可以作为适当的导入材料：他的著名作品是《山的精神》（*Berggeist*）。

孩子们在此看到了什么？你呢？一切都是真的，我们感知到了什么？

之后，通过**头脑风暴**，一位老师与五年级的学生一起收集了许多与关键词"真理"相关联的词，并写在黑板上。然后，根据相似性对在便签上单独列出的想法进行分组，这激起了热烈的讨论。结果是以下这几种真理的类型被或多或少地判定为确凿无疑：

- 事实、客观真理、现实性：我们所看到、听到、感受到的……（大多数）是真的。
- 主观真理：某人的感受、意识、体验、相信（！）……也是如此的真实（对于那个人而言）。

- 我们所学到和知道的是真的吗？（这里出现了第一个怀疑者）
- 不是谎言的东西是真的。（道德方面）
- 故事可以是真实的或编造的。
- 梦想有时会成真。（此声明也引起争议）
- 数学真理：1 + 1 = 2。
- 逻辑事实：星期天之后将是星期一。
- 宗教真理：当某人相信上帝时，上帝是真的，但仅限于那个相信的人。
- 我们都会死一次……

在两个清单上注明不同的真理和谎言，然后，每个孩子都画了一棵"真理之树"。

真理

谎言
女预言家
真实
斗争
撒谎大王
钻石
听从
好人
正义
誓言
盟约
上帝
未来
坦白
正确

谎言

主张
谣言
诽谤
说谎
不现实
错误
日常谎言
借口
吹牛
虚伪
恶作剧
夸张
童话、传说
坦白
可恶的诽谤
半真半假
孩子的谎言
伪证
礼节性的谎言

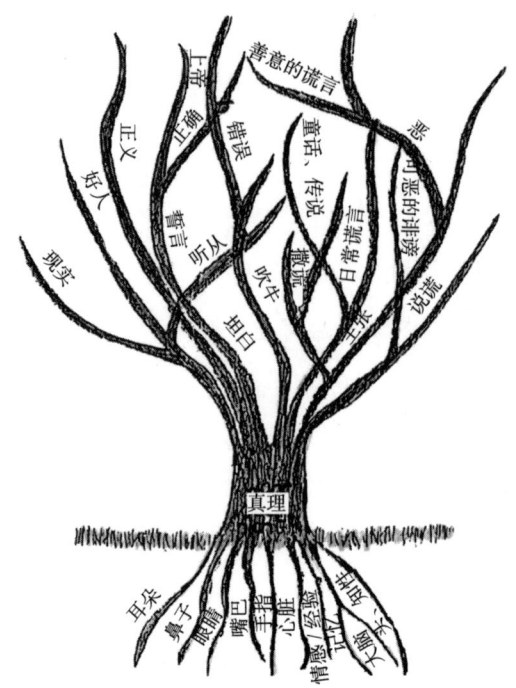

谁或什么告诉了我，一些东西是真还是假？

借助关于真实的（wahr）、现实的（wirklich）、确实的（wahrhaftig）、极有可能地（wahrscheinlich）等单词的助产术问题，我们在接下来的一个小时内继续关于真理话题的讨论：

- 这些术语有何不同？它们的反义词是什么？
- 什么是主观真理，什么是客观真理？
- 我们看到的一切都是真的吗？如果视觉欺骗我们怎么办？
- 一切所写或所说的都是真的吗？这也可能是一个错误，甚至是谎言！
- 一个故事是否是真实的，即便它没有发生？
- 我们如何知道或发现某些事情是否属实？
- 我们都会死一次是真的吗？

在最后两个问题中，老师想向孩子们表明，我们平时可能并没有意识到，自己如何通过逻辑的方法来进行论证。有时候，人们会因为误用了逻辑的法则而得出错误的结论。

> 为了得出一个合乎逻辑的结论，我们需要两个必须为真的命题，以便我们可以从中得出第三个为真的命题。在专业术语中，我们称它为"三段论"。举一个例子：
>
> 苏格拉底是人。
> 所有人都会死。
> 因此，苏格拉底会死。
>
> 根据这种模式，真的命题出现了，这种说法对我们今天来说也是适用的：因为我们是人，我们也会死。这在逻辑上是正确的，尽管没有人可以凭经验证明这一点。
>
> 为了表明三段论也可能导致错误的结论，我们将下面的例子与第一个例子进行对照。这也是从两个真的论断开始的：
>
> 苏格拉底吹口哨。
> 火车也吹口哨（鸣笛）[1]。
> 因此，苏格拉底是……火车？
>
> 这当然不是真的。但错在哪里呢？请你尝试找一下里面的逻辑错误！

错误的结论经常在总结的时候出现，例如，"所有女孩都很蠢。她们总觉得衣服很有趣"，或者"所有男孩都很蠢。他们脑子里成天想着足球"。许多

---

[1] 德语"pfeifen"既有吹口哨的意思，也表示汽车鸣笛发出声音。——译者注

女孩或大多数男孩有可能是这样的，但是可以证明西尔维娅或彼得也是这样的吗？

有了正确且可用的逻辑工具，哲学就有了一个工具来帮助我们对于一些无法证实的论断进行最大程度的演绎，例如这样的主张：我们终有一天会死。为了与孩子一起进行哲学探究，当然不需要任何人去参加逻辑学的研讨班（尽管这也没什么坏处），但我们应该总是要求质疑，他们的主张与真理是否真的相符：你是怎么得出结论的？你怎么能确定这是正确的？我们怎么能知道某些事情是否真实以及它从哪些方面来看有可能是真实的？特别是在宗教问题方面，批判性的反问和各式各样的推理尤为重要。而且由于我们都会遇到关于存在问题的发问，这些问题会影响到我们所有人的一生，所以，我们应该设法让小哲学家们在家里或在课堂上都有机会就这些问题——不仅仅是在宗教问题上——一起反思和讨论。像苏格拉底那样："我们一直在寻找真理……我们还没有发现它……明天我们继续来谈。"

下面通过三个例子来说明，如何与小孩子或大孩子谈论宗教问题中的真理话题：

- "谁是对的？"二年级的孩子在艾德·荣恩（Ed Young）写的《七只瞎老鼠》（*7 blinde Mäuse*）（贝尔茨 & 盖尔伯格出版社，2007）的故事中问道。
- "科学知识和神话故事如何在解释世界的起源问题上相协调？"在资优教育项目中，一些青少年对此进行了调查和讨论。
- "上帝是怎样的，上帝是谁，上帝是什么？"孩子拉赫尔现在已经是年轻的老师了，她想起了自己童年时代的问题。

到底什么是真实?

"池塘边上的神秘之物是什么?"

为了揭开神秘的面纱,七只瞎老鼠都出动了。

"这是一个柱子。"红色的老鼠说。

"这是一条蛇。"绿色的老鼠喊道。

"不,这是一把长矛。"黄色的老鼠反驳道。

或者它是一头大象,就像在六只彩虹色小鼠之后到达池塘的白老鼠所解释的那样?

艾德·荣恩的图画书《七只瞎老鼠》的扉页画很奇特,可以首先作为我们与孩子讨论色彩、光以及彩虹生成原理的刺激物:白光可以产生六种可见颜色,依次作为另外六个老鼠的颜色。虽然在这张照片中它们都是黑色的,这也许是为了表明,我们也像他们一样在黑暗中,想要知道一切(对于老鼠和我们来说)未知的、不可见的、巨大的东西。为什么白老鼠是唯一一个从各个方面来探索大象的老鼠,偏偏是在周日去的池塘?而在每个工作日,其他的六只老鼠会轮流每天把带有自己色彩的"真相"告诉白老鼠:一根红色的柱子(它摸了大象的腿),一条绿色的蛇(它在大象的鼻子旁),或者只是一把黄色的长矛(象牙)等。

艾德·荣恩用瞎老鼠讲述了一个关于佛陀的著名传说:一位印度国王曾经让一群盲人聚集到宫殿花园里。在那里,他向盲人们展示了一头大象,并问他们那是什么。当每个盲人摸到的只是大象的一部分时,他们开始争论谁的答案是"真相"。可是，对于盲人的愚蠢争论，国王只是摇着头表示惊叹。

起初，五颜六色的老鼠们也在争辩（孩子们可以给出自己的论证，进行有趣的表演），但后来白老鼠的解释在某种意义上是有道理的，因为它讲出了"老鼠的道德观"：**"知道事情的一部分可以讲出好故事，但智慧只产生于我们所见的整体"**。

在二年级的课堂上，我在黑板上画了一头"两米"高的大象，让他们遮住眼睛（用彩虹色的透明布遮住了他们的眼睛）一个接一个地摸大象。当"老鼠"回来时，他告诉其他人他的感受。"这是一个柱子！""红老鼠"说道。所有其他人都齐声问道："为什么？"对此，"红老鼠"用丰富的语言描述了他的"触觉"体验。但很快"争执"就开始了，因为他提出的论点似乎与他人的并不互相匹配："那根本就不软！"这是来自那只摸到牙齿的"黄老鼠"的主张。而"绿老鼠"则坚持那是一条蛇，甚至有可能伤害他……

一个扮演白老鼠的小孩从家里拿来了白手套。他用白色的小手指沿着整个大象的轮廓走了一遍。然后，他举起食指，像故事中的老鼠一样宣布："啊！现在我明白了！它像柱子一样坚固，像蛇一样柔软，像矛一样锋利……"

在这场比赛后，为了进入对真理的讨论，我们设置了唯一一个助产术问题：现在谁是对的？为什么？

佛陀和上帝的形象是怎么来的，很有可能是人类根据不同的宗教传说创造的。在此意义上，我们人类自身也如故事中的老鼠一样是"瞎的"。可以肯定的是，对于孩子们，我们可以让他们学习到，对所谓的客观事物的描述总是取决于不同的人以及他们不同的视角。例如，这些知识也可能有助于理解，为什么有这么多传说讲述了世界和生命的起源。

世界从何而来？

在 10—12 岁儿童的课堂项目中，为了解释科学视角下我们的世界和生命是如何诞生的，我们花了很长时间用展示牌来做研究路径（Lehrpfad）。孩子们了解到，经过数百万年后，地球终于冷却下来，雨水不会立即再次蒸发。现在，海洋形成了，在数百万年后，第一个生命诞生了。随之而来的是海洋生物的生长，孩子们认识到了植物世界的日益多样化，绘制出诞生于史前时代并在之后可能在地球上存活的动物。

当然，他们特别喜欢恐龙的时代，也因为在研究路径的尽头终于诞生了人类而感到惊讶。在进行科学研究的同时，我们还阅读了幽默、深刻又充满诗意的儿童书籍和几个来自世界各地的宗教故事，我们对下面这个问题进行了哲学思考：为什么会有各种各样的神话？在课程计划的最后，我们比较了《圣经》的两个创世故事（创世记 1 和 2），发现第一个七天创世说与我们的研究路径相吻合，只是我们的研究路径的时间跨度要大得多。"哦，你知道，"有个女孩解释道，"上帝比人大得多，那么它的一天肯定会很长、很长！"

关于世界和生命起源的哲学对话片段如下：

> **为什么会有这么多不同的故事讲述世界的起源？**
> - 好吧，没有人能证明这一点，就像他说的那样。然而，我可以找出一些东西，也许有些人会相信。
> - 还有其他不同的宗教，也有可能存在完全不一样的故事。
> - 正如另一个人所说的那样，每个人都有不同的看法。
>
> **谁是另一个？**
> - 只是其他人或其他宗教。
> - 也许科学家不相信上帝，所以现在他们想要另一个有道理的开端。
>
> **那么科学和信仰上帝之间会有冲突吗？**
> - 我们很久以前读过一个故事。那时候还没有科学，只有人们不同的想法。
> - 《圣经》实际上只描述了世界是怎样形成的，但人们却不能证明世界诞生的过程是怎样的。我想，每个人或许都能说说世界不同的周期或开端。
>
> **所有这些故事都可能是"真"的吗？**
> 我把"真"加上了引号，因为"真"是什么意思，可能还是不清楚。你们觉得呢？
> - 我相信耶稣曾经存在过，但我不相信上帝能从黏土中把人造出来，然后吹口气，人就会呼吸了。
>
> **为什么你不相信上帝可以这样创造人？**
> - 这听起来就像巫师变魔术一样，我认为这不符合逻辑。
>
> **你们认为哪种开端可能是真的？**
> - 在我看来，开端应当像我们的研究路径中所做的那样，因为那才是最自然的事情。我相信上帝创造了一切。但我会说，上帝虽然创造了一切，但这一切也能自行地继续发展。

你认为我们在研究路径上通过研究地球史所发现的东西是真的吗？哪些方面可能是真的呢？

- 有可能上帝按照这个顺序创造了一切。所以，它首先创造了水……也可能首先是爆炸，然后慢慢地有了火山，然后是小动物，然后把它们变得越来越大，然后他不再等待，因为动物能够自己进化。然后，他最终创造了人。也许只是按照这个顺序。
- A同学说的是，上帝也许是为了一切能够自己发展，所以有可能这样创造一切。也许上帝就像我们在时间表上做的那样，然后它所创造的一切自行发展。曾经有过与今天完全不同的动物。也许，我们现在的动物后来才有。
- 还有大爆炸等理论。必定有某些东西引发了这一大爆炸。也许那就是想要创造世界的上帝，而这就是整个宇宙的起源。
- 在那之后，正如J同学所说的那样，按照研究路径的顺序，上帝可能逐步地创造了一切。所以，两者都可能是真的。

两者都可能是真的吗？这如何可能？

- 我认为，科学和圣经故事都可能是真的。而且，它们在某个特定时间内是一致的，两者是相互协调的。

你能举个例子说明它们是一致的吗？

- 我认为，单细胞生物产生了人类，而单细胞也与臭氧有关。单细胞生物也需要太阳的能量。

所以你认为首先存在的不是人类，而是单细胞生物？

- 是的，必须首先存在单细胞生物。因为你们也知道，我们的皮肤里有非常小的东西（细胞），可以把所有东西聚在一起。所以我认为一开始首先存在的是单细胞生物。

- 我也认为首先有的是单细胞生物。因为我们有了很大的发展。我的意思是，如果首先存在的是人类，然后是单细胞，这听起来很不合逻辑。
- 也不能说单细胞生物就是完完全全的动物。也许，原生动物首先在那里，为了帮助创造出人类，然后单细胞生物才能算动物。
- 好吧，我的想法和 G 同学完全一样。我们很大，如果我们再次变小，这是不合逻辑的，只有从小变大才是符合逻辑的。

但是这样的话，大象就会后于我们诞生。而且，也不会有来自冰河世纪的猛犸象被人们发现了。如果仅仅是大而已。或者你们说的"大"有其他的意思？

- 我认为，不仅仅是因为大小。还因为其他别的东西……别人。我现在还说不出是什么……

这种方式的谈话又持续了半个小时，我们比较了科学和神话的说法。通过自我反思，孩子们寻找了可能的一致性和矛盾，直至达到一个共识，即上帝最终可能推动了物种进化，而科学家们现在才发现进化是如何运作的。

最后，我问孩子们，当他们描述地球的起源时，科学家和《圣经》撰写者深为关切的事情是什么。其中一个男孩注意到科学从未谈及生成之物是否是"善的"，因为科研人员只是提供了事实。但是在《圣经》中，在每一天的创世日之后，"上帝认为，它是善的！"。

在我们的星球上，有什么你喜欢的东西吗？

- 许多动物！
- 美丽的森林！我们今年在森林徒步时看到很漂亮的秋叶色！
- 我特别喜欢蝴蝶！
- 我曾经在巴厘岛看到过的瀑布和所有奇妙的花朵……

"为什么我们看不见上帝？"

我的侄女拉赫尔在7岁时就同我一起进行"哲学探究"。1991年，我写了我的第一本关于儿童哲学的书——《小哲学家》(Die kleinen Philosophen)。任何看过那本书的人都可能会记得拉赫尔当时描绘的"雏鸟"。此外，她曾问过我一个问题：所有天使都会听上帝的话吗？在我写第二本书《哲学之旅》时，已经14岁的她在阅读了乔斯坦·贾德（Jostein Gaarder）关于一位患重疾女孩与天使对话的哲学书《透过镜子谈生死》(Durch einen Spiegel, in einem dunklen Wort)之后，写下了关于"镜子背后世界"的思考。

今天，拉赫尔已是一名年轻的小学老师，我问她如何在成年后处理这样的儿童问题："为什么我们看不见上帝？"她的回答是：

> 你托付我以成年哲学家的身份来回答这个问题。这是一件不可能的事情！但是，我试图让答案变得更有基础以及更可靠。作为成年人，人们经常会与别人比较，早就学会什么是对的、什么是错的，与此相对什么需要被限制与遏制。当我还是孩子的时候，我时常被鼓励着对可能的事情或者完全不可能的事情进行思考，我在哲学问题上的回答从来不会被打分。我非常珍视这样的自由，而这也让我觉得哲学探究对我来说并不难。此外，我真的要谢谢你！
>
> 我在童年的时候就种下了哲学的种子（在过去20年里，我不断地否定过去的想法又不断地产生新的想法），所以我自然必须重新寻找我的内

在小孩（寻找事实上是多余的，因为它马上就出现了），并且构建出儿童时期的想法。那么，现在我们就开始吧！

费恩（Fynn）的书《安娜的上帝先生》（*Anna Schreibt an Mister Gott*）[舍尔兹出版社（Scherz Verlag），1987]里面的主人公安娜已经说得很清楚了，为什么我们看不见上帝："上帝是看不见的。上帝绝不会让我们看见，否则它的形象自然会对我们每个人造成负担。"

这种想法在我大概9岁的时候非常有说服力。我的妈妈把安娜的想法推进了一步：设想一下，上帝像我们人那么大，你就像一个甲壳虫那么大。如果你像甲壳虫那样坐在大大的上帝之身前面，尽管你与上帝如此接近，你也可以感觉到上帝的存在，但是你看不见他。你最多只能看到他的T恤衫上的细小织物。好吧，妈妈并没有提及T恤衫。这只是我想象的画面，一只黑色的甲壳虫和穿着茄紫色的POLO衫的上帝。那么，甲壳虫在哪里？当然在森林里！一个男人（从我的女权主义的路线来说上帝当然是男的）在森林里面丢了什么？这是六月一个星期天的午后，一个男人在森林小木屋旁参加家庭聚会，他一手拿着啤酒，一手转动着烤肉架。上帝闻到了啤酒味、驱蚊水味以及汗液的味道（他当然有点肥胖，因为他只吃香肠）。这种对于上帝的新设想突然出现在我的脑海，但这并不让我喜欢。呃，很有可能小小的甲壳虫还不能展开翅膀逃走。我们不停地寻找更好的上帝，因为一定存在着完美的上帝，那才是我想要的。这样的上帝每个人都想要。我知道，上帝不可能突然出现，而是人们必须自己去寻找或是在头脑中自己组装出来。

我总是在组装。

慢慢地，上帝开始有了他的形式。作为气体，作为地球上、天上、宇宙间的能量，上帝无处不在，这样的想法在过去几年让我深信不疑。

上帝无处不在，能够无限蔓延，这样的想法让我喜欢。这样的话，上帝可以通过支气管进入我们的血液，让我们呼吸到，不断地在体内循环，再呼出。这在我看来就是彻彻底底的净化！

得益于用空气来解释上帝的想法，我明白了，为什么上帝在每一棵树里、在每一个动物中。

如果上帝是空气中的气体，人们就可以根据自己的心愿从上帝那里、依据不同的呼吸量获得或多或少的份额。有时候他是冷的，有时候他是闷热的，有时候他闻起来像春雨过后或者像燥热的栗子树。上帝离我们很近，非常近。他在我们的脚趾之间，像一阵风吹过我们的鬓发，落在我们的脖颈之下的细小肌肤之间。

如果人们是这样设想的，那么持续地获得来自上帝的安抚是一件多么美妙的事情。

分有的概念我早就想过了。上帝分布在成千上万的人、动物和植物之中。每一个物种都分有了上帝的一部分。一定有可能。但无论怎样，我还是不能习惯于这样的想法，即人们必须一同在世界上的数千个分裂的灵魂中寻找或思考上帝。这样的话，上帝就离我们太远了，无法把握、感知，顶多只能接近。上帝在不同的灵魂中的份额是如何分配的？与牛相比，它会给蚂蚁更少的份额吗？或者人们用这样的物理的方式不能解释清楚吗？不能给肆无忌惮的独裁者更少的份额，给可爱的外祖母更大的份额吗？如果人们愿意，上帝是否可能在我们内心生长？因为人们有一个伟大的心灵？因为人们用行为证明了他的善良？

为什么我们见不到上帝，还有一种可能的解释：我们缺乏第六感。（当然也有可能是第七、第八个感官，甚至是第三十四个感官。谁知道我们至今尚未拥有的有多少种感官呢。）因为我们主要的感觉来自视觉，我们人类很明显是视觉动物，其他感官相对来说要麻木一些。因此，我们会首先问："为什么我们看不见上帝？"而很少会一开始就提出为什么我们听不到上帝的问题。或者触碰，或者闻到，或者尝到。当我们看不到一些东西，那些东西就不存在。这听起来总是这样的。

那么，比萨的香味呢？因为我们看不到香味，所以我们就不相信它的存在？这是没有必要的，我们当然不会这么说。我们可以用鼻子来闻，这对我们来说就已经足够了。这样，比萨的香味的存在就被证明了。搞定了！下一步！那么，我们进一步可以得到，我们不可能看到上帝，当他以香味的方式出现的时候。我们闻到了上帝，而这就足够了。最重要的是比萨的香味。谁还会要求看到他的样子呢？

也许，我们人类从未认识过上帝，因为我们总是拼命地在寻找他，试图让他显现。只可惜我们都还没有闻到他的味道。

当我走入厨房时，我闻到了神圣的烤鱼比萨的香味，我不需要赶紧去烤箱里查证一下，里面是不是真的有一块比萨。不管怎样，我都相信比萨在那里。在此我也不需要我的眼睛。我们难道真的需要用眼睛来知道上帝是上帝吗？

上帝是否也如这比萨的香味一般，可惜的是我们在尘世生活中无法用现有的感官去认识。留给我们的只有相信上帝，最后在麻木的感官之外，有一些人（是的，也有可能是所有人）明显能与上帝建立联系或者只是发出请求。我们能够获得的答案就会是"是，我来了！"。

关于宗教主题的青少年哲学读物

《彩虹蛇的故事：关于世界和地球珍宝的起源》
(*Die Regenbogenschlange—Geschichten vom Anfang der Welt und von der Kostbarkeit der Erde*)

埃丝特·比塞特（Esther Bisset）著

钟楼出版社（Zytglogge）出版

《创世记：音乐短篇小说》(*Die Schöpfung—Eine musikalische Erzählung*)

赫姆·海恩（Helme Heine）著

贝尔茨 & 盖尔伯格出版社（Beltz & Gelberg）出版

音乐 CD 来自莱哈德·塞弗里德（Reinhard Seifried）。

《一切之始》(*Aller Anfang*)

弗兰茨·霍勒（Franz Hohler）/ 于尔克·舒比格（Jürg Schubiger）著

尤塔·鲍尔（Jutta Bauer）绘

贝尔茨 & 盖尔伯格出版社（Beltz & Gelberg）出版

这两位诗人关于创世记轮流讲述和猜想了 34 个故事。

《透过镜子谈生死》(*Durch einen Spiegel, in einem dunklen Wort*)

乔斯坦·贾德（Jostein Gaarder）著

德国袖珍书出版社（Deutsche Taschenbuch Verlag）出版

14 岁的塞西莉在临死时遇见了她的天使，天使"在镜子后面"陪伴她。两人谈论了创世记和死亡之谜。

《蝴蝶工作坊》(*Die Werkstatt der Schmetterlinge*)

吉尔冈达·贝利（Gioconda Belli）著

沃尔夫·埃布鲁赫（Wolf Erlbruch）绘

彼得·哈马尔出版社（Peter Hammer Verlag）出版

一个非常特别、深刻的创世记故事：蝴蝶的诞生！

《上帝，我再给你一次机会！》(*Ich geb dir noch eine Chance, Gott!*)

古德伦·鲍瑟王（Gudrun Pausewang）著

拉文斯堡出版社（Ravensburger）出版

"妮娜感到震惊：上帝怎么能让一只无辜的猫被碾过呢？"

关于神正论的故事，适合儿童和青少年。

《国王与海》(*Der König und das Meer*)

海兹·雅尼什（Heinz Janisch）著

沃尔夫·埃布鲁赫（Wolf Erlbruch）绘

无忧宫出版社（Sanssouci）出版

小国王和大国王以及更多……

每天有多少国王围绕着我们？

《你好，上帝，这是安娜》(*Hallo, Mister Gott, hier spricht Anna*)

费恩（Fynn）著

舍尔兹出版社（Scherz Verlag）出版

5岁的安娜确切地知道上帝先生是怎么回事，因为毕竟上帝是她最好的朋友……

哲学探究意味着学习死亡、学习生活！

独立思考使人聪明，或许也有一点智慧？

毕竟，这是人类特有的事实，即我们根本无法像动物那样简单地满足于当下的生活。不仅仅是儿童，哲学家和科学家也想知道这个世界的起源，生命从何而来以及我们都来自哪里。首先，对于我们地球的未来、死亡以及从可见世界消失的一切，没有人会不感兴趣。我们想要了解为什么一切都如此，以及它的背后是否藏着什么计划。正如所有宗教都谈到的，彼岸正在上演着我们物理世界中所发生的一切？那是没有时间或空间的限制，我们的感官几乎或根本无法触及的世界？也许是一个神圣的或恶魔般的"元"（Meta）世界（meta：背后，超越）？

显然，不理解的东西驱使我们人类发问和寻求，正如苏格拉底所做的那样，他将无知视为哲学探究的动机。这个看不见的"世界"是怎样的？谁或什么是上帝？真的有天使吗？灵魂是什么？"镜子"背后隐藏着什么吗？正如阿斯特丽德·林格伦（Astrid Lindgren）在她的书《狮心兄弟》（*Die Brüder Löwenherz*）中所描述的那样，对我们来说，彼岸是第二个世界甚至是第三个"世界"吗？最后，大多数人从青春期就遇到了这个大问题：如果我们每个人都要死，我们为什么还要活着？

早在雅典时期，伟大的思想家已经为了推进这样的问题而练习哲学探究。在几乎无休止的对话中，他们试图用逻各斯（理性、逻辑），有时也配以神话的想象来试图接近答案，并使自我决定的生活变得可能。这也正是儿童哲学家们所追求的目标：儿童和青少年应当像做阅读、写作和算术那样进行自我反思的练习。通过这种方式，他们应该学会找到自己的答案和有根据的信念。

"我们看不见上帝"，但是当你发出请求时，你肯定会得到答案："是的，我来了！"上一节中的年轻女子拉赫尔确信这一点。多年来，她一遍又一遍地处理上帝的问题，显然能够获得给她这种确定性的经验。她脑海中的上帝形象——是的！不管是男人、女人还是孩子的形象，她总有自己不断更新的设想，她称之为"上帝"！上帝的这种形象是她把控日常生活、工作的方式。只要她意识到，这与每个人只能为自己所获得的个人信仰相关，她对上帝隐形的看法在我看来就完全没问题。拉赫尔并没有主张每个人都应该这样想。她今天能够这样思考和感受，就像她自己写的那样，与她的父母如何理解她有很大关系。一个孩子只有在生命的最初几年中发展出自己原初的信念，一个可靠且可变的上帝概念才有可能诞生：在这个世界上，人们被好心照料。在这里，你可以活下去。在这里，有人关爱和照顾你，特别是我们在婴儿时期就已经学会了生活不愉快的一面。你很快就会感到饥饿、感冒、肚子疼等各种各样的恐惧。所以，你需要可靠的帮助来解决这些问题。一旦你可以问第一个为什么问题的时候，你需要对此感兴趣的对话者来认真对待你发人深省的想法。这样，孩子才可以逐渐建立自己的世界观和上帝的形象。然而，这需要成年人愿意进行开诚布公的对话，而不是片面的说教，即使是出于善意。重要的是，家长和教师不要假装总是对所有问题都有"正确"或更好的答案。儿童需要人们承认他们也不知道一切，但他们愿意一起寻找可能的答案或至少是对问题的一些澄清，从而让孩子们学会哲学探究，并以自我决定的方式来面对他的生活和信仰。

在与儿童和青少年谈论大问题时，下面的一些例子和提示将让本书的内容更加完善。我将再次从与最年轻的哲学家的对话开始。

当肚子疼消失时,疼痛会去哪里?

"我肚子疼。"5岁的希娜在睡觉前嘀咕道。妈妈想安慰孩子就说道:"疼痛会很快消失的。"小女孩对此颇有兴趣地问道:"当它消失的时候,它到哪里去了?"哎呀!速度真是太快了,这么小的孩子也会提出大问题!我们真希望,母亲可以陪孩子开启一场美妙的"哲学对话",而不是开始讲述睡前故事。可是,她这里有什么哲学性可言呢?人们应该如何引导这样的对话?在我的哲学课程中,我会首先问父母、祖父母或幼儿园老师,他们对于肚子疼的问题会做出什么回答,有些答案还是很有意思的:从"这就是消失了"到"坐在马桶上吧,然后你就可以把它冲走",各种各样的建议都有。任何已经听说过儿童哲学的人可能还是会求助于第一原则——反问:"你觉得呢,它会去哪里了呢?"

正如上面描述的那样,回答孩子的问题是值得的,但首先可以不用给出回应,而用"嗯……"来赢得时间。因为我们很少能够通过快速的回答来谈论孩子的真正问题。它有可能是,例如,孩子认为肚子疼是一种烦恼,而这种烦恼是人们没法用一些箴言来解决的。或者小希娜只是希望妈妈在床边停留一会儿,陪她玩一下。或者,也许对于入睡而言,晚餐吃意大利面是不理想的,或者……或者……或者希娜的问题实际上与她肚子疼无关,但妈妈用了一个希娜不知道的短语——"离开"。这对希娜来说意味着妈妈将很快"离开"房间，从房间里消失。也许，希娜会继续这样思考：尽管肚子的疼痛离开了房间，但可能还在某个地方等希娜！或者，当它去寻找另一个受害者时，妈妈会不会中招？那么，最好坐马桶上把它冲走，至少冲三次，这样它就永远不会回来了。

那么，现在是在进行"哲学探究"吗？不，不是的，但至少孩子已经产生了她自己的想法，而妈妈在希娜问题的背景中有了更好的理解，并借此机会向女儿澄清了"离开"的含义："哦，现在我理解你的问题了！不，我并不是这个意思，当我说'离开'的时候，我只是在想，你的肚子疼会消失……""可是，请问它会怎么消失呢，我现在仍能感觉到我的肚子在疼！"如果妈妈因为被激怒而答复："消失，离开，这是同样的事情！"那么她很有可能在自己没有意识到的情况下已经进入了哲学探究之中。她有点恼火：这真的是我所声称的吗？消失和离开，不一样吗？也许是不一样的，要不然为什么我们有两个不同的词呢？

这就是古希腊人所说的，哲学探究始于这种惊异和疑惑。如果你仔细地考察这个问题，那么真正的哲学探究就开始了。

现在，母亲和孩子可以一起寻找差异，并列举"离开"的事物和"消失"的事物的例子。哪些东西还会存在，比如当妈妈离开希娜去购物时？另一方面，哪些东西会从视线中、感官中消失，不再存在？心爱的泰迪熊不见了，它是离开了，还是消失了？希娜昨天在儿童游戏室看到的幽灵还在吗，尽管现在因为妈妈的出现而消失了？昨日我感到的快乐呢？它今天还会回来吗？在此期间它去了哪里？一位幼儿园小朋友告诉我，他的恐惧飞上了天，在那里恐惧总是追着自己，吓自己。虽然恐惧仍然存在，但幸好它很忙，所以它不会回到孩子身边，对吧？

但为什么会出现像恐惧一样"愚蠢"的事情呢?还有可恶的肚子疼呢?如果最初的问题是以此作为基本方向的,那么这确实是一个非常大的问题,它将提供"真正的"哲学探究的机会。刚才想到的对话是完全哲学性的,因为现在不仅出现了哲学的"工具"(反问、论证、概念考察、分类论证、联想和逻辑思考),而且主题(或是思想的内容)都与人类的大问题接近:恐惧到底是什么,人们为什么会有疼痛,为什么不总是一切都好?在哲学探究中,关涉的并不只是一个孩子的肚子疼,而是每个人都要遭遇的普遍性,对此尚没有统一和明确的答案:什么是疼痛,为什么人们要受苦,这是偶然事件还是命运?背后是神还是魔鬼在捣鬼?

如果母亲在睡前有更多的耐心,母女就有可能幸运地从这个话题开始走向更大的哲学主题,例如,关于灵魂或死亡的问题。希娜可能突然想知道爷爷是否真的在天堂,因为……当他被埋在地下时,她曾经去过那里,爷爷肯定不能又在地下又在天堂,对吧?爷爷"离开了我们",这是真的吗?当人们死后,人们哪里也不能去,但他却从希娜的生活中消失了!

对此,我会给希娜的母亲推荐这本获得过桂冠奖的图画书:阿梅丽·弗里德(Amelie Fried)和雅基·格莱亚(Jacky Gleich)的《**爷爷有没有穿西装?**》(*Hat Opa einen Anzug an?*)(汉舍尔出版社,1997)。

一个大约 5 岁的男孩布鲁诺体验了他的祖父如何躺在房间里,后来被埋葬的事情。几个星期和几个月过去了,许多问题仍在布鲁诺脑海中打转,这

些问题的回答部分得到了父母的帮助,但部分回答并没有什么作用。作者采用色彩强烈又有点模糊的画风,配以一种机智的幽默感,告诉布鲁诺如何将对失去祖父的愤怒逐渐变成悲伤,这也可以治愈布鲁诺的困惑。

布鲁诺问的问题对于他这个年龄的孩子来说似乎非常典型和真实,父母们可以在书中发现许多适合思考和与孩子谈论这些问题的地方。

和儿童与青少年谈论死亡与悲伤

与孩子讨论死亡这样的难题真的有意义吗?在死亡发生的时候,父母们对于和孩子讨论死亡都会有所顾虑。他们担心这会造成孩子不必要的恐惧或者至少让他们感到不安。在这样做的过程中,他们忽略了这样的事实:一个小孩子第一次经历人类的死亡,通常只是感到很惊讶,还不存在情感上的强烈反应:他真的死了吗?他只是在睡觉啊!我可以碰他吗?为什么他看起来如此不同?在死者那里会发生什么?爷爷什么时候回来?他为什么不回来了?他现在在哪儿?我可以去那里拜访他吗?为什么不可以呢?

通常,孩子们也会提出非常现实的问题,例如,那个4岁女孩想要知道,如果妈妈死了的话,谁会在第二天早上为她做早餐。如果认为这个孩子不爱她的妈妈,这将是一个很大的误解!她只是还不了解死亡这件事的影响,因此暂时需要非常实用的信息。

对于自己也感到悲伤的父母，可能很难向孩子回答这些问题；尽管如此，孩子需要我们，我们不应该对此事有所避讳，也不应该期待他当即流下眼泪。甚至安慰也并不重要，除非孩子此时已经明显地表达了他的悲伤。然而，一开始让孩子进入这种强烈情绪之中的，通常是父母的哀悼，而不是他自己的哀悼。他也可以看到父母的哀悼，甚至可能试图安慰他的父母。这是很自然的，通常不需要任何进一步的措施，甚至可能不需要进行任何哲学讨论。

然而，更困难的是，儿童或整个班级面临意外死亡或更严重的情况。在这种情况下，必不可少的是什么，一本主要介绍哲学探究的书是没办法详细做出介绍的。不过，在每所学校，应该为这些突发事件提供危机干预手册，必须提供重要的流程、地址和救助点的信息。

原则上说，如果能够营造可信任的氛围，孩子们之间能够互相接受和尊重，围绕死亡的话题在每个学校和幼儿园展开哲学探究和思辨是可能的。但是，我建议老师要告知父母他们在关于死亡主题的哲学项目中所追求的目标，并事先询问其中是否有孩子近来在他的周围发生过此类事件。如果是这样的话，教师一定要考虑到可能与之相关的不同感受。悲伤肯定是其中之一。我们知道，孩子（不仅仅是他们）有时候会对丧失的东西表现出愤怒甚至是一些攻击性，还有可能会非常退缩并变得沉默寡言。这种情况需要心理上的同情和理解，哲学探究可能需要推迟到以后再进行。

灵魂是什么？它要去哪儿？

不过，如果没有沉重的情绪负担，关于这个话题的哲学探究还是可能的，下面将以灵魂和彼岸主题的例子来展示这种可能性。不是关于爷爷的"离开"或者肚子疼，而是在吹灭的蜡烛问题上，我已经和11岁的孩子有过哲学探究。课程从一个小小的物理实验开始。

我们的椅子中间放着一支燃烧的蜡烛，我问孩子们究竟发生了什么。真的是蜡烛在燃烧吗？还是灯芯，正如孩子们所纠正的那样？还是火焰在燃烧？但火焰到底是什么呢？最后，我们终于达成了共识，是已经蒸发的蜡在我们眼前转化为火焰，释放出可见和可感知的能量，由此产生了一点烟灰。

现在，我吹灭火焰，并问孩子："火焰现在在哪里？"正如意料之中的，第一个答案是："走了！"——"那它去哪儿了？"——"到空气里去了。""去房间里了。"……——"你们确定吗？它到底还在不在呢？"——"不在！""在！"——"为什么还在呢？"——"作为热气存在！""作为我们的记忆存在！"

现在我又点燃了蜡烛，然后问道："这是同一个火焰吗？"意见再次出现了分歧，孩子们争吵着说出自己的理由并进行互相反驳。"这是同一支蜡烛，但不是同一个火焰！"——"但如果它是相同的，那么它已经在某处燃烧过了！"——"是的，在火柴中。"——"但火柴之前并没有燃烧！"……——"那它就是新的火焰！"

"我们再来做一个实验：雷莫，你可以去下门前面吗？"带着疑问的表情，雷莫慢慢走了过去。当他离开时，我问孩子们："现在在他已经不在了，就像火焰已经消失一样。你们认为现在雷莫还在吗？"——"是的，当然。他就站在外面！"——"你们确定吗？有人不同意吗？"几个笑话之后，我们达成了一致的想法并带回了雷莫。"你在外面的时候真的存在吗？"

我告诉了他刚才我们讨论过的内容。在那之后，我向孩子们解释了我做这两个实验的意图。"让我们将蜡烛与人类进行比较。当有人去世时，人们有时会说他生命的烛火被熄灭了……""那么当你把蜡烛吹灭的时候，蜡烛就死了！"有人开玩笑地说。"是的，确实如此！人们可以这么说，吹灭的蜡烛就好比死了的人。那火焰呢？""会不会是蜡烛的精神？"一个女孩提议道，"或者是它的灵魂？"

现在我们开始**概念澄清的工作**！当我们谈论"精神"或"灵魂"这样的词语时，我们所理解的是同样的东西吗？当然不是！因此，我们首先要在班里收集不同的想法。他们大致从幽灵说到天使！我们都同意的是，灵魂必须是看不见的东西，也许就像火焰的温暖。一个孩子对此表示："如果有人死了，他会变得很冷，也许是因为灵魂不再温暖他了。""是的，有可能。"我认可了他的说法，并补充道，"即使是古希腊的第一批哲学家也将灵魂比作让我们或者动物甚至是植物充满活力之物。"孩子们在讨论友谊的时候已经认识了亚里士多德。亚里士多德将人类的灵魂设想为"三个层次"，最简单的是植物灵魂。他把这样的灵魂称作"活跃的"或"有生气的"，因为它们可以生长、喂养甚至是继续"栽培"。动物和人类也占有植物灵魂的部分。然而，动物和我们人类还有一个"感知"的灵魂部分。有了这个，我们才能感知所有情感。只有人类才能拥有第三层次，也是最高层次的灵魂，它就是精神，借助它，人们可以思考。他还认为，只有这个唯一的灵魂部分会在身体死亡后继续存在。

怎么看待灵魂或精神的存在?

我不想把孩子们所有令人兴奋的想法都告诉你们。但是,你们可以使用一些助产术问题来邀请自己的孩子或学生进行哲学思考。我的一个大学生试图在四年级的课堂上与孩子们谈论埃及人和他们的神。她通过自己编造和讲述的法老儿子、也是三元老之一的菲欧比斯的故事来解释这个民族的古老灵魂观念:用"Ka"表示一种保护神或者没有身躯的分身,它们伴随了我们一生,并赐予我们生命力,用"Ba"代表我们的性格特征或我们的个性。第三个"灵魂"被称为"Ach",它会在我们死后的墓穴和我们在他人那里的良好声誉中苏醒。不同于亚里士多德用的逻辑推论的方式来描述灵魂,这里是一种神话式的解释:我们都捕捉到了自己的生命力(Ka),我们都想了解自己的个性(Ba),而同样的事实是,在我们身体死亡之后,我们继续存在于其他人的记忆中(Ach)。这些个体和思想的力量完全是非物质和形而上(在物理学之后存在)的,当它们被归入图像和名字的时候,不可把握的事物在某种程度上成了可以把握和可理解的事物。

借助这样的灵魂观念和**各种对生命与死亡主题的助产术问题**,教师让 10 岁的孩子寻找自己的答案,尽可能地进行论证。以下是给孩子们的一些问题:

- 你们觉得死后的生活是怎样的?死后还有什么东西存在吗?如何可能?
- 彼岸是什么样子的?你是怎么知道的?
- 彼岸有可能在哪里?是不是不止一个彼岸?它们有区别吗?
- 如果死者在那里,你们觉得天堂是怎样的?
- 你们觉得地狱存在吗?人们能够知道吗?为什么不呢?
- 你们认为从生命到死亡的过渡会发生什么?
- 你们对此听到过什么吗?你认为这可能是真的吗?为什么呢?

- 灵魂的哪个部分可能会在这样的过渡中继续存在？是什么支撑了这个假设？会有什么反对的理由吗？
- 当我们死了，我们还能思考吗？感觉呢？你猜想的是什么，为什么？如果还会思考，那会怎么样？
- 我们有可能再活过来吗？甚至活过来几次？有什么依据吗？
- 我们还会以同一种形式再次出现吗？为什么（不是）？
- 出生前、生产前是否已经存在一种生命的形式？

这名大学生还准备了许多其他的问题，例如，我们社会中的死亡、葬礼、死亡的恐惧或死亡的意义。当然，上课的时间是不够的。但她整理这些主题肯定不是徒劳的，因为为了能够卓有成效地帮助儿童进行大问题的讨论，我们必须自己首先对主题的许多方面有所反思。

如果是**与青少年**一起讨论，我们还可以进一步讨论关于死后灵魂下落的问题。他们中的大多数人在这个年纪都已经听说过"灵魂转世"或"重生"，尽管通常是从简单描述的理论中。因此，在哲学探究之前，我会收集一些宗教素材或自己创设一些内容。特别是，应该更详细地研究灵魂的概念，因为就东方哲学和宗教观念中的灵魂概念而言，它与西方的观念有很大的不同。例如，在佛教中，人们会谈到"意识流"，它能够穿流过无数重生者的生命，而不只是停留在任何一个特定之人的"灵魂"中。当然，在简单的民间信仰中，此人在这一生中行为的好或坏会决定他下辈子的投胎，但究竟这个"人"下辈子到底作为什么而出现，这还需要更详细的考察。

不过，就算没有对东方宗教中轮回思想的深入研究，我们也可以与青少年来探讨重生的想法。我们可以使用柏拉图关于灵魂的神话观念，或者阅读他的对话《斐多篇》的一部分来质疑它的逻辑。

与亚里士多德更为合理的版本不同，我们在柏拉图那里了解到了以马车图像出现的灵魂，马车的驾驭者只有控制住白色和黑色的马，才能保持马车的平衡，太阳战车才得以追随天空中的道路。黑色的动物代表的是身体的、感性的欲望，白色的动物代表着勇气十足的激情，而马车夫代表着理性。只要马车夫设法保持车的平衡，灵魂在日光的照耀下就可以进入永恒的理念世界，那里有包罗万象的知识和理解。但如果黑马占了上风，灵魂将不得不在地球上寻找新的身体，进入另一次生命。在这样的过程中，人们忘记了以前所见过的一切，当人们逐渐认识世界时，就好像他们再次记起了绝对真理一样。

柏拉图是苏格拉底的学生，于公元前387年在雅典建立了一个哲学学园（"阿卡德米学园"），亚里士多德也属于这个学园。学园一直持续到6世纪，"阿卡德米"一词也演变成了学术机构的代名词。

关于灵魂不死的问题，我们可以帮助青少年解读对话《斐多篇》中的片段，其中柏拉图给予苏格拉底一种"证据"，证明灵魂在人们重生之前存在于冥界。柏拉图在对话录中通过图像描述"灵魂三分法"的方法也有助于青少年更好地理解。

与青少年进行如此"专业化"的哲学探究是有助于对出现在我们生活中的问题进行解释的，例如：

- 对灵魂、死亡和来世的思考对我们今天的日常生活有什么影响？
- 如果你知道自己只有一次生命并且死亡将宣告一切的结束，你会有什么想改变的吗？
- 如果你知道，在死后你必须对曾经做过的事情负责，例如，在神圣的审判或新的生命开始之前，你会有什么想改变的吗？

之后还有更多关于此类追问意义的问题。现在让我们再次回到小哲学家考虑的死亡或悲伤主题的问题上来。

理解悲伤的过程并释怀

悲伤也可以在孩子们不太有或完全没有精神负担的时刻成为课堂上的哲学主题。然而，更常见的是，它将帮助个别孩子处理他的悲伤。此外，父母或老师最好能有一些心理学的相关知识，例如，精神分析学家**韦雷娜·卡斯特**（Verena Kast）的新书《**悲伤：心理过程的阶段和机会**》（*Trauern—Phasen und Chancen des psychischen Prozesses*）［克鲁兹出版社（Kreuz Verlag），2008］。这位荣格派学者在此描述了这样的心理之路：从不想承认或不能承认经过对重大损失的抗拒到达伤痛情感的清空，在清空的空间中有一些新的东西能够生长。任何已经经历过丧亲之痛的人肯定会发现自己曾处于这个过程的描述中。

谁为了让孩子避免伤痛而出于好意地逃避围绕死亡的问题，谁就不能真正地帮到孩子，因为他们太快地把孩子从错误的结论中抽离出来：死亡显然是人们不应当提及的恶。为了不让孩子们有这样的偏见，我们应该更好地抓住甚至创造机会，在没有当下焦虑的情况下谈论悲伤。例如，如果在课堂上或在家里养一些仓鼠或豚鼠，必须让孩子了解这些动物可能只有短暂的时光可以存活，而我们必须在某个时间与它们告别。尽管，这是非常悲伤的，但对于我们的理解极为重要，并且这是一个（在课堂上）对悲伤进行哲学探究的好时机。正如之前我们关于生气和恐惧的探讨，这里也不关乎某个特定孩子的强烈情绪，而是关乎这些问题：**人们可以悲伤吗？悲伤是坏事吗？人们应当尽可能地避免悲伤吗？为什么可能不是呢？**

但如果一个孩子心爱的宠物刚刚死去，那么就要多关注他心理上的感受。

因为最重要的不是让悲伤变得不重要，而是让孩子确证，当人们失去了心爱之物，尽管"只是"一只动物，他们会有多难过。对孩子来说，他们的宠物通常和兄弟姐妹或其他家庭成员一样重要！现在，在花园或森林里举行的葬礼仪式可能会有所帮助，孩子们可以马上在此学习如何面对死亡。也可以把纪念册或藏有照片和小物件的精美盒子等那些属于动物的东西一起入葬，这能让孩子们更好地忍受失落的悲伤。这样做之后，关于逝去、死亡和天堂的问题就会出现，人们可以安心地与孩子进行一点幻想或借助关怀性思维来进入哲学探究。

有本精彩的图画书叫《**再见，玛芬先生**》（*Adieu, Herr Muffin*）（莫利兹出版社，2003）。它由乌尔夫·尼尔森（Ulf Nilsson）编写，温馨的插图来自安娜－克拉拉·蒂德霍尔姆（Anna-Clara Tidholm）。

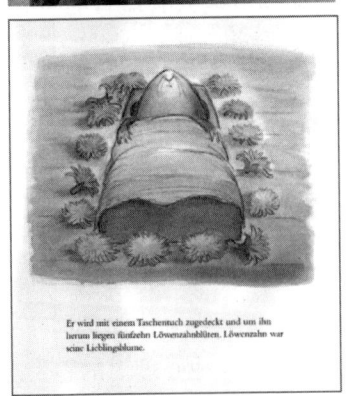

这个故事是关于一只名叫玛芬先生的老豚鼠的，他不断地在他的邮箱里发现黄瓜片和杏仁之外的信件。在其中，我们可以阅读到孩子们对他的关心，因为他离死亡不远了。

这个悲伤而同时令人欣慰的故事可以成为与孩子们谈论死亡与悲伤、生活与爱的起点！

这本书在瑞典被授予2002年度最佳童书奖！

任何一个孩子都难以接受他心爱的动物有一天会死，所以这样一个微妙的故事提供了一个机会，来让孩子逐渐地相信事实和理解悲伤。不再拥有这些动物并不意味着死去的动物对我们不再有意义！

面对悲伤与面对恐惧或愤怒是一样的：我们

不喜欢它们，忍受它们通常是不愉快的。但我们真的需要期待它们的不存在吗？

> 在信件的字里行间会出现以下问题，我们可以在阅读故事时将其扩展为有用的对话：
> - 老豚鼠可能突然死亡，这是真的吗？（实际问题）
> - "为什么会有蜜蜂？"玛芬先生问道，因为他的妻子被蜜蜂叮了一下就死了。（意义问题：为什么糟糕的事情会发生？）
> - 玛芬先生说，他的人生是美好的。这对豚鼠意味着什么？（实际问题：动物态度的含义）
> - 为什么兽医不能帮忙？（学会接受现实）
> - 死亡是痛苦的吗？这里发生了什么？（注意感受和事实！）
> - 人们会很快再与死者相遇吗？这如何可能呢？（哲学、推测和愿望）
> - 动物是否也有天堂？对我们来说呢，天堂在哪儿？（幻想、画图）
> - 你们指的是哪个天空？满天星斗的天空，还是白云朵朵的天空？（概念澄清）
> - 人们必须害怕死亡吗？为什么（不是）？（哲学探究）
> - 爱与悲伤有关系吗？感情之间是如何相连的？（逻辑！）
> - 人们如何面对死去的动物？为什么呢？（给予实际帮助并认真对待感受）
> - 人们在葬礼时做什么？包括哪些事情？（收集信息）
> - 在最后一封信中："现在你知道的比我们更多，玛芬先生，还是……？"你们认为，玛芬先生会想说什么？

　　不要试图过早地用新的动物来消除孩子的悲伤或者劝阻他放弃对碾死猫的汽车的愤怒。如果你向他证实他的感觉是合理的，并且人们确实感到悲伤和愤怒，那么这会更有帮助。最重要的是，你不要让孩子独自面对他的感情。可以请孩子讲述他与动物所经历的所有美好，邀请他自己画画或写信，继续同孩子一起经常谈论这个动物，无论多少次，只要孩子喜欢。这样的话，哀悼的工作尽管是痛苦的经历，却成为了丰富生活的重要部分。

在我的《哲学之旅》一书中可以找到更多关于去世和死亡主题的图画书，它们对于孩子面对这些问题会有所帮助下。在"考茨林"的网站上，你将找到有关宗教主题的已评论过的书目。

"妈妈，我不想死！"——死亡的意义

与孩子谈论死亡并不仅限于缓解丧亲之痛、提供实用信息或进行哲学的概念性工作。最迟在青春期，当青少年关注起自我的身份时，关于存在的问题就出现了，这个问题会伴随我们一生，无论我们是否重视或是否想要逃避，这就是："我是谁？"以及"为什么我来到这个世界？"。所以，一个10岁女孩的母亲给我打电话，因为她不知道应当如何和女儿谈论这样的问题。她的孩子连续几个星期几乎每天都用相同的绝望语气喊道："妈妈，我不想死！"她已经告诉女儿好几次，没有理由去担心这件事。她很健康，如果她在去学校的路上没有做任何蠢事，她就不用担心马上会发生致命的事故。但是，女儿还是不能冷静下来。我那时的猜测是，这个10岁的孩子第一次真正清醒地意识到，死亡是不可避免的，尽管她当然早就知道所有生物都会死亡。虽然，这样的事情和一个尚处于成长中的孩子没有关系，但她却觉得这绝对是一件骇人听闻的事，她不得不反抗。她并没有说她害怕死亡，她只是不断地强调："我不想死！"遗憾的是，孩子自己不能消解这样的愁苦：他们的意志在其他方面可能是自由的，但在死亡的事实面前却失效了。因此，我建议母亲表达对女儿的声援，并确认她的"抗议"是合理的。这不会让事情变得更容易，但也许随着时间的推移可以让它变成可以忍受的。如果我们想要相信古希腊人，哲学探究可以帮助我们逐渐接受我们的有限性，甚至认识到有限性的意义。

许多古老的故事，如格林童话故事《死神教父》就解释了死亡的意义。他们在神话的图景中讲述了如果人们用智谋逃避了死亡或避免了死亡，那会怎么样，并得出结论：那是不值得期待的！较小的孩子通常会毫不怀疑地接受这种智慧，并将其视为合理的。然而，对于青少年来说，从哲学角度审视这些故事是值得的。

基本问题：如果没有死亡会怎么样？

以下是适合9岁以下儿童的助产术问题：

- 死亡在何处以及如何发生？
- 石头也会死吗？为什么不呢？
- 如何区分一个活着的动物与一个死了的动物？（通过儿童养过宠物的经验来增进理解）
- 植物何时会死亡？在冬天吗？（假设并证明）
- 郁金香球茎是活的吗？苹果是活的吗？它们什么时候会死？
- 人在什么时候可以被视为是死的？（寻找明确的信息！在过去的几个世纪中，人们以呼吸停止来判断，后来心脏的停止运动成为了临床判断的依据，今天我们则以不可逆转的脑电波消失作为标准）
- 那么身体会发生什么？（清楚的信息是有必要的，像坟墓中有蠕虫那样的恐怖故事必须被澄清！）

- 那些不可见的、"灵魂"、人类的生命或能量会发生什么变化？（蜡烛实验对此有用！）
- 死后的生活可能意味着什么？
- 你们听到过什么吗？你们怎么设想的？
- 那里可能会再有一场死亡吗？（正如阿斯特丽德·林格伦的书《狮心兄弟》）
- 你们喜欢这个故事吗？为什么（不）呢？
- 如果没有人会死，那会怎么样？
- 如果没有动物会死，那会怎么样？
- 如果你们知道自己永远不会死，你们会怎么样？
- 你们为什么想要永远活着？
- "永恒"到底是什么意思？
- 如果我们可以选择死亡或永远活着，那会怎么样？为什么呢？
- 当你们知道生命会结束时，这会让你们的生活怎么样？
- 你们在生活中会有所改变吗？
- 一个人需要到多大年纪，才会觉得生命是有意义的？

在最后一份调查问卷中，我们提出了一个儿童可能没有想过，而青少年和成年人几乎也不会去思考的大问题。当我们意识到我们的生命是有限的，它将不可避免地以死亡告终，那么之后，我们可能会思考的问题就是如何在生命结束之前度过有意义的一生。所以，我想最后致力于尽可能让那生命充满意义的大问题。虽然，为了达到这个目的，我将再次使用两本非常特别的图画书，但这次我想使用哲学家的专业术语，用于与青少年进行哲学探究，就像在德国进行的那样。

和青少年一起思考生命的意义与同一性

关于我们行为的意义，关于一切可能发生在我们身上的事情的意义，关于一般生活的意义，我们通常会苦思冥想，特别是当我们处于人生的逆境中，或遭遇到一些重大的打击时：为什么事情发生了？为什么我运气这么不好？这到底是怎么回事？

例如，正在成长的青少年在面对职业选择时会遇到意义问题并问自己：我该如何决定？我应该成为怎样的人？我到底是谁？我能做到一切吗？也许人们会有这样或那样的想法：反正死亡在终点等待着我们，我们为什么还要耗费精力去学习，这真的值得吗？鉴于这一事实，难道我们不应该纵情欢乐，尽情挥霍吗？

但是，人生意义的问题并没有在我们处理了同一性和个性的问题之后得以解决。而这些问题要求我们乐于对自身进行反思。

"我为什么来到世界上" 的问题与 **"我到底是谁"** 的问题分不开，借助下面的方法，我们可以和青少年一起进行哲学探究。

苏格拉底式哲学探究的"五指模型"

在与青少年一起进行哲学探究的过程中，迄今为止使用的"聪明思考者的工具"被证明是有效的。但现在，我们希望可以更准确地理解和使用它们。

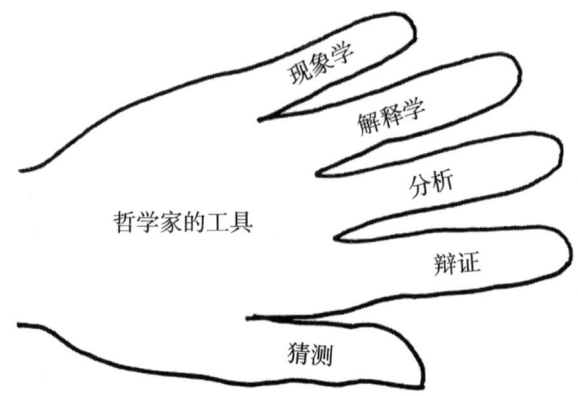

［五指模型的出处：芭芭拉·布鲁宁（Barbara Brüning）/埃克哈特·马滕斯（Ekkehard Martens），《生动的哲学探究》（Anschaulich philosophieren），贝尔茨&盖尔伯格出版社，2007，第13—14页］

埃克哈特·马滕斯（Ekkehard Martens）教授是德语地区儿童哲学的创始人之一，他用哲学家的术语描述如下：

"五指模型"

● 现象学的方法

从杂乱的日常经历开始，区分和全面描述我所观察、体验、感知或思考的内容……
（这对应于示例工具W，见第一部分第二节）

● 解释学的方法

考虑到自己的常识以及来自文学、宗教、艺术等传统的解释模式和学说；理解事物产生的内容和原因。

> - **分析的方法**
>
> 审查关键术语和论点、假设、结论等并揭示矛盾。
>
> （工具 A、F、W、S 和 G）
>
> - **辩证的方法**
>
> 将问题尖锐化，衡量不同的立场和判断，讨论利弊，保留疑难（裁决的不可能性）。
>
> （我们使用工具 S 和 G）
>
> - **猜测或直观的方法**
>
> 创造性地使用新的假设并验证它们；分析见解并做出判断，主要是被认为可修改且无确定性的判断……（将幻想与逻辑联系起来）

解释学：这个词来源于古希腊信使神赫尔墨斯，他向人们传达众神的信息，并且可能还需要做些翻译。人们把这个过程称为解释或诠释。哲学研究者像神学家一样地使用解释学来试图理解流传下来的文本的含义。当我们与小哲学家们一起共读图画书、一起看文本时，我们可以用这样的方法来观看和描述。

借助这些术语，儿童哲学家与专业哲学家做的事情就更接近了。高中生或许能够达到如此复杂的智力水平，而那些在哲学上已经有过练习经验的青少年或喜欢在朋友中进行哲学探究的人，也可以从这些方法的知识中受益。

如何在与（儿童或）青少年的对话中有效地运用"五指模型"方法，可以通过下面的例子来说明。其中，两本高品味的哲学图画书向我们揭示了死亡、生命意义和同一性之间的巨大联系。

你为什么来到这个世界上？

这是一个**大问题**，沃尔夫·埃布鲁赫（Wolf Erlbruch）尽管没有提出大问题，却把一本巧妙的图画书的名字定为**"大问题"**（彼得·哈马尔出版社，2004）。对此，不同的人、动物甚至是石头都有责任来回答，例如，强大而沉重的石头坚定地说，"你在那里就是为了你在那里"。而小鸟则唧唧喳喳地以充满春天气息的口吻精辟地说道："为了唱你的歌，所以你在这里！"带着金色的喙和小脚丫的鸭子却觉得这个问题绝对是多余的："我一点都不知道。"但是在埃布鲁赫的后面一个故事《鸭子、死亡和郁金香》（*Ente, Tod und Tulpe*）[昆斯特曼出版社（Kunstmann），2007]中，鸭子自己就碰到了死亡，当她温柔地注视着自己人格的化身时，想起了第一本书中的大问题："为了热爱生活，所以你来到了这个世界！"。

如果青少年学会了解释图像，这两本书就是真正的宝箱，充满了深刻的思想和认知的各种可能性，甚至给我们成年人提供了很多启发。因此，为了对最大的问题进行哲学思考，我给大学生或家长上课时都会使用这两个故事。

意义问题！面对我们所有人的终将一死，活着的人很少有对人生意义的回答感到满意的（有点像埃布鲁赫书中画的那只小方格子的鸭子）。在最初的无忧无虑（关于死亡的知识）之后，她在意识中最终与死神相遇，她首先感到害怕，并担心死神立马会带走她。但死神试图使她平静下来，并解释道：“我在你身边，只要你活着，就会有意外"。但是，"鸭子可一次也不想有意外，想到意外她就起鸡皮疙瘩"。死神友善的形象不仅让鸭子有可能与之对视，实际上他也在我们的生活道路上静静地陪伴着我们。几乎与想到意外就会起鸡皮疙瘩的鸭子一样，我们常常不想接受这样的事实。但是，我们如何能够在阅读中慢慢地了解，死神的肉身化是不可怕的，也不邪恶，他的出现并不是为了把我们从生命中残忍地拉走。他只是对于意外存在在那里的事实！生活所操心的是"没有意外"，他说。

死神的出场让鸭子开始思考死亡、天堂、地狱、重生……不过，这不可避免地导致我们思考身体结束之前的时间。

因此，对死亡的思考将走向对生命的哲学探究！

在故事的最后，死神小心翼翼地将去世的鸭子放到河面上，他在鸭子的头部悬挂了郁金香。对鸭子来说，时间没有了。死神久久地注视着鸭子。"当鸭子在视线中消失时，死神一点也不悲伤。那就是生活。"在最后一页，狐狸和兔子在死神的脚边安抚着他……

以下片段可以激发我们进行哲学思考。

> **我们用埃布鲁赫的《大问题》来练习解释学：**
> - 当我们注意到，小男孩头戴金色的皇冠，吹着五根闪着金色火焰的蜡烛，眼中充满着期待时，我们就问自己，并尝试理解作者希望用金色表达什么。"为了庆祝你的生日，你来到了世界。"哥哥对小男孩说。什么东西如此特别，以至会被感知为是有意义的？

- 当我们发现，鸭子有着金色的脚和金色的喙，还有小方格一样的身躯时，就像人们从作业本上撕下一页一样，我们思考：埃布鲁赫在此想到的是什么呢？
- 一个金色的数字三让我们思考："你来到世界，对此有朝一日你可以数到三。"如此奇怪的答案怎么可能适合回答关于生活意义的大问题呢？它可能适用于生命的哪个阶段？

我们用分析的方法检查死神陈述中的逻辑：

- 在第二个故事中，鸭子终于认识了死神，并问他，死后会发生什么："有些鸭子说，人们会变成天使坐在云上往下俯瞰地球。""很有可能，"死神说，"毕竟你们已经有翅膀了。"
- 当鸭子与死神一起去爬一棵树时，她从树上往下望，看到了池塘便沉思道："那就是我死了的样子吧。池塘里以后就会再也没有我了。""当你死了，池塘也消失了，至少对你而言。"死神回应道。"你确定吗？""只是如人们能够知道的那样确定。"

当然，这里也可以使用猜测，或与矛盾的辩证法相关联：

- 人们在死后会坐到云朵上（比谈话发生的树梢高得多），俯瞰整个世界。哪些证据可以支持这个观点，哪些证据与这个观点相左？
- 为什么人们会把死后可能的"生命"（需要概念分析！）与地狱相联系，比如，"如果人们之前不是一只好鸭子，就可能在地狱被煎烤。""令人惊讶的是，鸭子这样告诉你们。""但是谁知道在地狱中发生的事情呢？"死神回答道。
- "'所以你也不知道！'鸭子喋喋不休地说。死神只是看着她。"人们如何能够给"死后的生活"一个说法，因为到目前为止还没有人死了再回来过？

最后一个论点通常是由那些不愿意思考死亡的人做出的，正如鸭子在开始时所做的那样！青少年有时会抗议：我现在活着，死亡还很远，我应该绞

尽脑汁想这些问题吗？当然，任何时候都没有人有义务去思考死亡，而且有时候这的确一点意义都没有。但是，如果我们至少偶尔敢于让死亡进入意识，那么我们的生活有没有可能发生一些变化？我们就不会那样地生活，好像时间可以一直无限地为我们所用？

对于此时此刻迫切想要得到答案的青少年，这样的意义问题可能总会变成下面的问题出现：在当下的生活中，我是谁？我能做什么？我想要什么？我应该做什么？我在哪里？如何有机会获得自己想要的生活？

埃布鲁赫的两本图画书为意义问题的这些重要方面提供了广泛的探讨空间，尤其是《大问题》让我们关注意义与同一性之间的联系。

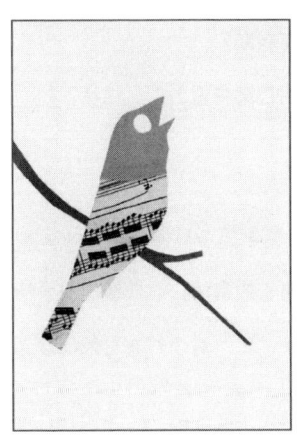

"为了唱你的歌，所以你在这里！"

再次回到对插图的**解释学视角**上，为青少年建构助产术问题。

- 为什么这只鸟没有普通的羽毛，而是有一条带有音符的连衣裙？
- 为什么石头突然说"你在那里就是为了你在那里"？
- 我们可能会注意到，那只略显笨拙却可爱的狗的回答："我认为人们来到世界是为了汪汪叫"。这个回答有些不靠谱，为什么埃布鲁赫这么说呢？
- **我们猜想一下**，谁的回答可能是"为了有耐心，所以你来到世界上"？（园丁）
- 这些答案又适合谁："为了得到信任……"（对盲人）或"为了亲吻云朵……"（飞行员）？
- 无论孩子对祖母的答案多么满意，我们都要辩证地提出质疑，这个答案是否能真正回答孩子的大问题："你来到这个世界上，当然是因为这样我就可以宠你了！"
- 或者我们分析并论证，（士兵的）服从在什么意义上可能是答案。士兵必须放弃自由吗？

最后，我们尝试用个人的基本问题来得到初步的答案：

- 如何让每个人的生命有意义？
- 我们可以从许多不同的答案中得出什么结论？

以下是青少年对故事进行哲学思考后得到的一些答案：

- 每个人都在做他们最擅长的事情，适合他们的事情。
- 在我们这个年纪，数字"三"这个答案可能比较重要：我们还有很多需要学习的东西！
- 我现在是拳击手（"你在那里，是为了搏斗！"），此刻我必须保持搏斗才能在实习基地证明我的耐力！
- 我认为，在生命的过程中，答案不同总是重要的，因为我们总是不断地在变化……

在最后一个陈述中,这位青少年谈及了我们特有的现象,我们事实上总是不断地在变化,不仅仅是外貌上的,尽管我们看起来还是同一个人:同一性之谜!生命的意义有没有可能只是简单地存在于变化本身中呢?还是说生命的意义早就固定了?生命的意义有可能总是在变化吗?

最后,我想再提一下埃布鲁赫的《大问题》。在所有针对每个人的不同回答之后,他的书的最后两页是空白的。这个问题的答案取决于给出答案的人是谁,并且因为"我们总是不断地在变化",正如那位青少年所说的那样,这本书实际上应该留更多的空页!不过,在许多空的横线之后,他这样写道:**"在你的生活中,你仍然会找到许多关于大问题的答案。你可以将它们写下来!"**

哲学问题珍宝箱

_____

_____

_____

_____

在生活中的许多时刻，我们还会问……

我非常喜欢埃布鲁赫《大问题》一书的结尾，所以我想用他的方式来为本书做一个总结。对于哲学思考的开放性和无结论性而言，还有什么比这样带有空白横线的结尾更好的呢？

当然，在生活中，我们至少需要暂时的答案，为了走向下一步，我们的脚下必须有一块坚实的踏脚石。其中一些答案是可靠的，而且很有可能我们可以自信地认为它们是真的：即使现在天空阴云密布，明天太阳也会再次升起；数百万年前恐龙居住在地球上，尽管那时没有人在那里拍摄它们；一切有生命的东西都会死一次……

其他的答案是永远不可证明的，但它可能有助于我们更好地忍受和掌控生活以及可能发生的一切：可能有更高的权力者，我们无法看透他的计划；在死后，我们将有希望见到一位仁慈的上帝，他知道一个人是永远不会完美的；或者说，无所不包的智慧流经宇宙。

在哲学中，人们或许可以期待逻辑向我们呈现的答案，那些对我们知性有说服能力的答案，或者那些伟大的思想家们细致认真处理过的答案，即使是小哲学家们也可以从中获益。但是，无论这些答案多么智慧，只有问题本身才能真正让我们在生活中走得更远。能够处理它们，意味着我们能够一步一步地在生活中踏上自我决定的道路。这是我对所有读者以及他们所面对的儿童和青少年的希望。

因此，我在末尾为大家提供了空白的珍宝箱，在此你可以收集孩子们的具体问题，当然也可以收集你自己的问题，这样，我们就可以时常记起这些问题并对此感到惊奇。也许有一天，你会突然开始与周围的人再次对这些问题进行哲学探究。如果你借此有了美好的经历，我会由衷地为你（及孩子们）感到高兴。

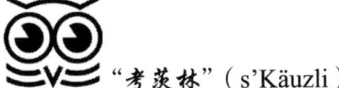"考茨林"（s'Käuzli）

瑞士儿童和生活哲学文献中心，成立于1987年，伊娃·佐勒·莫尔夫是该中心负责人。地址是 Kirchrain 2, CH-8479 Altikon。

您可以随时通过拨打电话 +41（0）52 336 22 33 或发送电子邮件至 mail@kinderphilosophie.ch 与之联系，或登录该中心的网站。

在该网站上，您可以找到与儿童和青少年进行哲学探究有关的更多信息，例如，关于儿童书籍和专业文献的参考书目，以及带有哲学建议的活动日历。

在图画书参考书目中，还有对不同哲学主题给出的一些图画书的替代建议，因为提到的一些书可能已经在市场上绝版了。

适合儿童和青少年探究大问题的哲学读物

关于思维、灵魂、悲伤……

《当孩子们问起死亡时——一本给儿童、父母和教育工作者的指导书》（Wenn Kinder nach dem Sterben fragen — Ein Begleitbuch für Kinder, Eltern und Erzieher）

丹妮拉·陶施-弗拉梅尔（Daniela Tausch-Flammer）/李斯·比克（Lis Bickel）著

赫尔德光谱出版社（Herder spektrum）2006年出版

如果哲学探究不够有效的话，这本书提供的心理学基础知识对丧亲之痛能有实际的帮助作用。

《鸭子、死亡和郁金香》(*Ente, Tod und Tulpe*)
沃尔夫·埃布鲁赫(Wolf Erlbruch)著
昆斯特曼出版社(Kunstmann)2007年出版

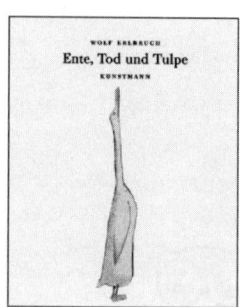

《大问题》(*Die große Frage*)
沃尔夫·埃布鲁赫(Wolf Erlbruch)著
彼得·哈马尔出版社(Peter Hammer Verlag)
2004年出版

《爷爷的天使》(*Opas Engel*)
朱塔·鲍尔(Jutta Bauer)著
卡尔森出版社(Carlsen)2003年出版

《思考世界——写给孩子的哲学启蒙书》（*Denk dir die Welt—Philosophie für Kinder*）

碧姬·拉贝（Brigitte Labbé）/ 米歇尔·毕奇（Michel Puech）著

罗意威出版社（Loewe）2007 年出版

关于生 / 死、上帝 / 众神、自由 / 不自由、幸运 / 坏运气、好 / 坏的解释与思考，适合 10 岁左右的孩子自行阅读或作为教师的准备材料（参见第二部分介绍的拉贝关于伦理主题的书）。

为儿童、青少年以及他们的师长准备的大问题

继《7 是不是太多了？》之后，安缇耶·达姆（Antje Damm）的另外两部作品（莫利兹出版社出版）：

《世界上的每一刻》（2008）　　《从无到无》（2009）

对于形而上学之谜的空间与时间，两本书提供的大量精美照片和绘画都有助于激发小哲学家们的思考。

《关于大问题的小书——给孩子的哲学》（*Dus kleine Buch der großen Fragen—Philosophie für Kinder*）

杰基·弗伦奇（Jackie French）/特里·登顿（Terry Denton）著

浮标出版社（Boje）2008年出版

"以原创和娱乐的方式，杰基·弗伦奇回答了生活中的大问题……包括眨眼睛。"这是写在书封面上的话。

在这些图画书上，您能发现如何引导对话或者关于思考的游戏：

第一部分

里拉·普拉普《为什么？》（41页）

练习推理的思维游戏

汉斯·费舍尔《小猫皮皮》（48页）

你怎么知道你是谁？

玛汀娜·施洛斯马赫/依斯坎得·基德《小黑母鸡》（53页）

人们可以是"异类"吗？

我们应该如何与"异类"打交道？

吉多·范·西纳顿《折耳兔瑞奇》（63页）

为什么我们大家是不一样的？

彼得·施皮尔《人》（71页）

人是什么？

人类有什么不同的地方吗？

赫姆·海恩《你不知道的三个朋友》（71页）

脑袋、心与我们的行为如何协调在一起？

第二部分

斯蒂芬·布鲁哈特《弗里多林王子可以做任何事》（79 页）

哪些愿望是有意义的?

阿里奇《情绪如同颜色》（99 页）

我们如何为情绪找一种语言?

马丁·韦德尔 / 芭芭拉·菲斯《小熊，睡不着吗?》（102 页）

人们必须驱赶恐惧吗?

安娜格特·富克斯胡贝尔《胆大包天的睡鼠和胆小如鼠的巨人》（103 页）

勇敢与恐惧如何协调一致?

洛伦茨·保利 / 卡特琳·谢雷尔《勇敢，勇敢》（105 页）

什么是真正的勇敢?

米莱耶·达朗西《小孩与红毛大猩猩的故事》（111 页）

生气时可以做什么，不可以做什么?

斯蒂芬·布鲁哈特《利奥波德和陌生人》（119 页）

听话总是好的吗?

偏见是什么? 忍耐有多重要?

汉娜·约翰森 / 凯蒂·班德《鸭子与猫头鹰》（129 页）

人们到底为什么吵架? 必须吵架吗?

大卫·麦基《两个怪物》（132 页）

什么是好的 / 坏的吵架?

伊莎贝尔·阿贝蒂 / 西维欧·诺英多夫《好朋友不吵架》（133 页）

人们如何停止一场争吵？

"和解"如何发生？

加雷斯·B. 马修斯《哲学与幼童》（135 页）

一种行为什么时候是正义的？

第三部分

艾德·荣恩《七只瞎老鼠》（163 页）

什么是真实？

阿梅丽·弗里德 / 雅基·格莱亚《爷爷有没有穿西装？》（179 页）

如何较好地处理孩子关于死亡的问题？

乌尔夫·尼尔森 / 安娜－克拉拉·蒂德霍尔姆《再见，玛芬先生》（188 页）

有什么可以帮助人们面对悲伤吗？

沃尔夫·埃布鲁赫《大问题》（196 页）

为什么我们来到世界上？

这个问题取决于什么？

沃尔夫·埃布鲁赫《鸭子、死亡和郁金香》（196 页）

我们真的必须害怕死亡吗？

译 后 记

2017年秋天,我在德国访学时拜访了在欧洲从事儿童哲学研究和推广的几位老师,本书的作者伊娃·佐勒·莫尔夫女士就是其中的一位——瑞士地区推广儿童哲学的先锋女士。

拜访伊娃老师真是一次奇妙的旅程,我从热闹的苏黎世坐火车前往安静的小镇阿提卡。到了空荡荡的阿提卡火车站后,我再搭乘巴士到了伊娃老师的住处。伊娃老师的家是一幢花团锦簇的别墅,周围是一望无垠的农田,真是一个适合哲学沉思的好地方。印象最深的是,伊娃老师家中陈列着上百件猫头鹰的艺术品,略知西方哲学的人想必都会把猫头鹰奉为神物。在希腊神话中,猫头鹰是智慧女神雅典娜的原型。在黑暗的晚上,当所有人都沉睡的时候,猫头鹰却孤独地站在树枝上。这种形象太适合作为哲学静观者的哲学家了,他们总在深夜酝酿着伟大的思想。也正是这个原因,书中到处都能看到猫头鹰的标志,而且如果你仔细看,就会发现,每只猫头鹰都是不一样的。

作为深耕哲学教育数十载的研究者和实践者，伊娃老师写过好几本在德语地区非常受欢迎的儿童哲学书。本书是伊娃老师出版的第三本书，也是她最新的研究和实践成果。记得当时翻阅该书的目录时，我就已经为之震惊和欣喜。因为在目前关于儿童哲学的中文简体版图书中，尚没有一本像这样在内容上如此全面、在语言上如此通俗易懂以及在操作性上如此之强的指导手册，来帮助教师和家长处理孩子的问题，促进他们与孩子的对话，进而对与我们的生活息息相关的问题进行哲学探究。并且，我相信，书中对于不同话题的介绍、提供的具体案例以及对思维技巧的剖析等富有开拓性和创造性的实践，能够帮助想要从事儿童哲学教育的初学者快速进入儿童哲学教育的殿堂，而不会因为"哲学"之深奥和枯燥的刻板印象而退避三舍。

2018年上半年，我的欣喜在回国后得到了中国轻工业出版社"万千教育"编辑部的热心回应。他们很快推动了此书中文简体字翻译版权的落实，因此尽管我当时正处于博士论文的撰写时期，但想到这本书对于中国儿童哲学教育者们的意义，就欣然接手了翻译一事。好在这本书语言清晰，篇章结构也比较紧凑，花了大半年时间即译毕。在此必须感谢"万千教育"编辑部对儿童哲学推广的支持以及对此书出版的费心。

五年前，我与儿童哲学结缘。那时候，知道儿童哲学的老师和家长几乎寥寥无几。而今天，在杭州师范大学高振宇教授的引领下，我们已经建立了国内首个儿童哲学研究中心，秉承"以学术研究为核心，积极推动哲学进入基础教育，与各类学科相融合"的理念，试图走出一条适合中国本土化的儿童哲学教育道路。儿童哲学教育发展到今天，回溯过去的艰辛之路，我们自然会反思儿童哲学本身的可能性以及它对于教育或整个社会的意义。对于这个问题，我在此不再赘述，因为这本书已经通过丰富的案例揭示了小哲学家们的哲学天赋以及探究团体本身对于教育发展的重要性。

尽管如此，我更希望本书被视为一本关于生活哲学的读物，而非仅仅是一本哲学教育的指南。当代法国哲学家皮埃尔·阿多曾在《作为生活方式的哲学》一书中谈道："在古希腊，哲学首先是一种活动，而不是静态的知识；是对智慧的爱，而不是智慧本身；是一种生活方式，而不是一种在学院被教授的学问。"这本书最为打动人的地方，或许就在于它揭示了儿童的生活方式，通过童年故事与对生活事件的回顾，我们中的大多数人也会记起自己的童年困惑：从"妈妈，我从哪里来"到"我为什么要来到这个世界上"，有些困惑一直跟随着我们到现在，并且还将一直陪伴着我们走下去。对我们来说，重要的不是得到答案和获得智慧，因为爱智慧比智慧本身更重要。那么，就让我们继续困惑，继续发问，继续进行哲学探究，继续哲学的生活方式！

杨妍璐

2018年9月于杭州